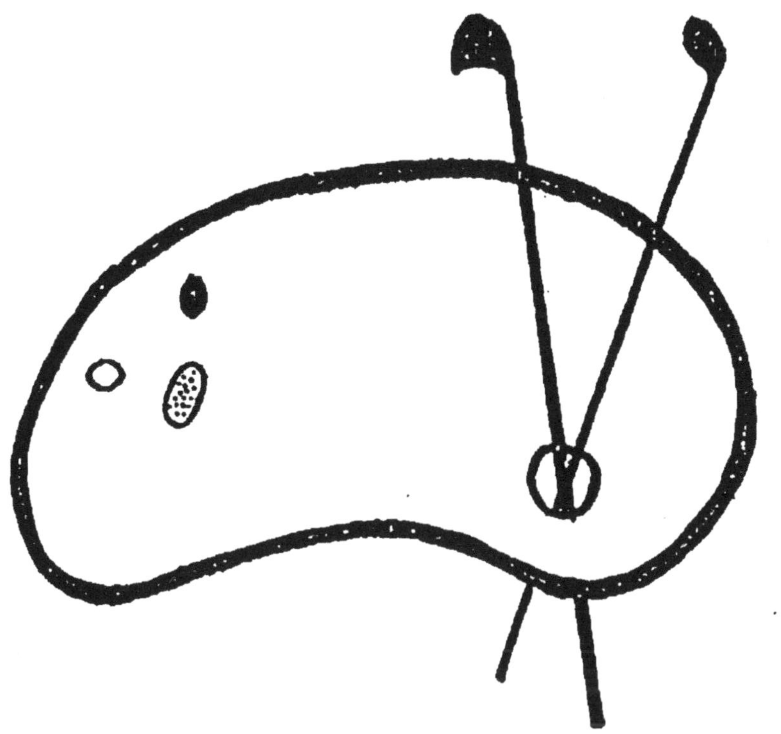

COUVERTURE SUPERIEURE ET INFERIEURE
EN COULEUR

LE LIVRE

DES

JEUNES GENS

PAR

BOURGOINT-LAGRANGE

> « J'en demande pardon aux jeunes gens et aux jeunes demoiselles, mais ils ne trouveront point ici, peut-être, ce qu'ils chercheront. (VOLTAIRE, *Dict. phil.*, au mot *Baiser*).

PARIS

LIBRAIRIE DE M. DÉCEMBRE, ÉDITEUR

326, RUE DE VAUGIRARD, 326

—

1882

Tous droits réservés

LE LIVRE DES JEUNES GENS

LE LIVRE

DES

JEUNES GENS

PAR

BOURGOINT-LAGRANGE

> « J'en demande pardon aux
> « jeunes gens et aux jeunes de-
> « moiselles, mais ils ne trouve-
> « ront point ici, peut-être, ce
> » qu'ils chercheront. (VOLTAIRE,
> *Dict. phil.*, au mot *Baiser*).

PARIS

LIBRAIRIE DE M. DÉCEMBRE, ÉDITEUR
326, RUE DE VAUGIRARD, 326

1882

PRÉFACE

—

« Je ne sais que noter mon idée quand
» elle vient et comme elle vient. »

. . . .
. . . .

« Quelquefois en boutonnant mon paletot,
» une idée me vient ; je l'écris en rentrant ,
» de là mes notes. »

(TAINE, *Graindorge.*)

« La dernière chose qu'on trouve en faisant un ou-
» vrage, est de savoir celle qu'il faut mettre la pre-
» mière. » (PASCAL. *Pensées , prem. part. art. X. ,
pens. XXIX.*) Le plus souvent, dans une préface, on
traite de divers sujets mais rarement de celui qui constitue le fond du livre dont on est censé s'occuper. On
va essayer d'éviter ce travers.

L'auteur dédie cet ouvrage aux adolescents qui veulent devenir des hommes et aux hommes qui sont demeurés adolescents par le caractére. Il le dédie surtout
aux vrais jeunes gens, aux jeunes gens par l'âge et non pas

seulement par le caractère. Son but serait de faire gagner quelques années d'expérience à la jeunesse et de la rendre apte , dès vingt ans , à se garder des principaux périls auxquels l'exposent sa naïveté et son inexpérience.

Ce volume sera impersonnel. Parler à la première personne diminue l'autorité de l'écrivain. Employer la troisième personne ou le pronom indéfini *on* , donne plus de crédit. Ce ton associe le public aux opinions de l'auteur, le rend solidaire de ses théories, le *compromet*, en un mot. Et le public, complice inconscient (complice d'une bonne action, hâtons-nous de le proclamer) en est porté davantage à s'approprier les idées du livre et à les propager. L'Envie, elle-même, se prend à devenir indulgente et désarme à moitié devant un ouvrage en quelque sorte anonyme et qui ne met pas une personnalité en vue.

Il y a encore une autre raison et , somme toute, c'est peut-être la plus solide : l'auteur n'a pas de notoriété. *Je*, *Moi*, sous sa plume, n'ont aucune portée, aucune autorité. Si, par aventure, il arrive un jour à être connu du public , il se décidera volontiers à s'exprimer à la première personne.

Il est une foule de choses d'expérience que l'on peut aussi bien savoir à vingt ans qu'à quarante , mais qu'il faut néanmoins apprendre. Quelques-unes sont énumérées dans ce livre. Groupées de cette façon , elles se classent méthodiquement, pour ainsi dire, et ce n'est plus au hasard seul , maître capricieux donnant ses leçons par intermittence et souvent à de longs intervalles, que les jeunes gens devront leur instruction pratique.

La faculté qui manque le plus aux jeunes gens, c'est la lucidité, qui consiste à voir clair et juste dans les choses de la vie. Jusqu'à présent l'expérience seule, c'est-à-dire la pratique de l'existence, les avait pourvus de cette qualité. Moyen long et empirique. On voudrait y suppléer, ici, par des conseils formulés à la suite de nombreuses observations.

L'auteur avait une vingtaine d'années, lorsqu'il fit la connaissance d'un homme fort instruit qui avait été lié, autrefois, avec sa famille. Un jour qu'ils dînaient ensemble chez des amis communs, le vieux philosophe dit aux jeunes gens qui se trouvaient là : « Messieurs, il n'y a pas très longtemps que vous avez quitté le collége ; eh bien ! croyez-moi, vous vous verrez plus tard dans la nécessité de désapprendre tout ce qu'on vous y a enseigné. » Naturellement, on ne se gêna point pour crier au paradoxe. Et pourtant, quelques années plus tard, celui qui écrit ces lignes reconnut que le savant bourru avait presque complétement raison.

Ce livre voudrait contribuer à former moralement une génération forte et virile, au caractère solidement trempé, génération à la fois aimable et vigoureuse, énergique et fière, apte à délibérer, indépendante, et passionnée pour le bien, le bon et le beau.

Quel résultat magnifique, en effet, que d'amener la jeunesse à profiter de tous ses avantages, en évitant,

sans effort, les fautes que jusqu'à présent elle commettait presque fatalement !

Il a foi dans la jeunesse et la croit susceptible d'acquérir les qualités dont il rêve le développement. En un
mot, le but de ce livre est de faire arriver du premier
coup les jeunes gens à ce degré suffisant d'expérience
que l'homme n'acquiert d'ordinaire qu'à force de tâton-
nements, de leçons chèrement payées, et au bout d'un
temps fort long. Il est enfin d'empêcher nombre de
jeunes gens de manquer leur existence, en leur ensei-
gnant que la vie pratique ne ressemble guère aux pein-
tures fleuries que certaines personnes en font et que les
bergers et les bergères de Boucher et de Watteau ne
sont pas, dans les champs, tels que leurs tableaux nous
les montrent.

Plusieurs penseront y être dépeints que l'auteur n'a
jamais connus. D'autres, au contraire, croiront y reconnaître les travers du prochain, alors que ce seront les
leurs.

Il est profitable aux jeunes gens que, par intervalles,
des explorateurs patients fassent, en quelque sorte, le
tour du monde moral et leur dédient le résultat de leurs
observations. S'ils savent en retirer un avantage pratique,
ils gagneront en quelques heures vingt années d'expérience.

On trouvera, probablement, qu'il y aurait beaucoup
plus à dire sur certains sujets Assurément. Mais on s'est
justement attaché à dire, autant que possible, des choses
qui n'avaient pas été dites.

Cet ouvrage n'est point un ensemble de traités complets, mais une série de réflexions sur des sujets divers, destinées à inviter les jeunes gens à approfondir ces sujets. Cette méthode paraît à l'auteur présenter ce double avantage : laisser aux esprits méditatifs la faculté de s'exercer librement sur des canevas limités et leur permettre d'aborder des questions non indiquées dans le volume, mais auxquelles celles qui sont soulevées les amènent à songer. C'est en effet le propre des associations d'idées de conduire les penseurs à s'occuper de matières fort éloignées, en apparence, de celles par lesquelles ils ont commencé leur méditation. Il y a vingt-cinq ans environ que l'auteur a conçu l'idée de ce livre. A cette époque, il résolut de noter les principales observations qu'il ferait pendant une certaine période de son existence, puis de publier ces observations afin qu'elles servissent à guider un peu les jeunes gens dans la vie. Dire que cette méthode l'a préservé absolument de commettre des fautes, des sottises et des maladresses, serait une grosse exagération ; car il pourrait remplir dix volumes des *écoles* qu'il a faites. Mais il en aurait certainement fait beaucoup plus sans ce demi-préservatif.

Ce procédé à eu encore ceci de profitable : c'est que, ayant noté, au jour le jour, pendant vingt-cinq ans, ses impressions de toute nature, il n'a qu'à parcourir ses cahiers pour contempler, comme dans un miroir, la physionomie de ses goûts, de ses penchants, de ses aspirations. Il s'est ainsi approché du « connais-toi, toi-même » des anciens philosophes, autant du moins qu'il est possible à une créature humaine de s'en approcher.

C'est un travail bien curieux et de nature à faire faire une gymnastique fort utile à l'esprit et au jugement, que de se mettre à coordonner les idées qu'on a jetées sur le papier pendant plus de vingt ans. On trie, on raccorde, on élague, et l'on arrive à réduire à quelques centaines de pages ce qui aurait pu fournir la matière de dix volumes in-octavo.

L'auteur peut dire comme le personnage de Taine (Graindorge) : « Quelquefois en boutonnant mon paletot, une idée me vient ; je l'écris en rentrant, de là mes notes. » Que si une certaine méthode et un certain arrangement se montrent aujourd'hui dans cet ouvrage, cela tient à ceci : Au bout de vingt-cinq ans, l'auteur a fait comme l'homme économe qui casse sa tire-lire ; il range la monnaie épargnée en piles, suivant la catégorie des pièces. Ce petit système est à la portée de tout le monde. Il n'en coûte rien d'essayer. On trouvera probablement, que sa tirelire n'est pas bien riche. C'est logique : il n'y a guère que les pauvres diables qui mettent sérieusement leurs deniers dans une tire-lire. Il ne faut donc pas s'étonner s'il s'y rencontre plus de billon que d'argent et d'or.

Dans plusieurs chapitres ou paragraphes qui comportent forcément des subdivisions, on a cru devoir adopter, à cause de sa commodité, le sous-titre « article », employé par les éditeurs des *Pensées* de Pascal.

Certains de ces chapitres ont été commencés il y a

vingt-cinq ans, continués cinq, dix, quinze ans après, et terminés tout récemment. Ces fragments ajustés ensemble ont démontré à l'auteur qu'il n'avait pas varié dans ses appréciations sur la plupart des sujets. Il y a unité dans son jugement et par conséquent présomption qu'il est logique. Quelquefois son sentiment s'est modifié sous l'influence du raisonnement ou de l'observation. Dans ce cas, son opinion dernière a bien des chances pour être la bonne.

L'auteur donne son avis personnel dans chaque question. Il n'a la prétention d'imposer sa manière de voir à personne. Il agit en toute liberté et ne s'interdit nullement de toucher à certains fétiches. Que ceux qui ne partagent pas ses idées lui tournent le dos, mais qu'ils ne le lapident point ; ce serait injuste, parce qu'il est de bonne foi.

Certaines parties de ce livre paraîtront insuffisamment développées. Le lecteur sait comment l'auteur a préparé ses matériaux. Cet ouvrage, composé de notes écrites au jour le jour pendant une longue suite d'années, est en quelque sorte le moulage intellectuel de celui qui l'a écrit. S'il présente des lacunes, c'est que sans doute l'esprit de son auteur en présente également.

En tête du premier volume de l'édition définitive des œuvres de Victor Hugo, se trouve la préface générale dont la substance devrait, à l'avenir, constituer l'introduction de tout ouvrage de bonne foi. On croit qu'il convient de reproduire ici cette préface :

« Tout homme qui écrit un livre, ce livre c'est lui.

Qu'il le sache ou non, qu'il le veuille ou non, cela est. De toute œuvre, quelle qu'elle soit, chétive ou illustre, se dégage une figure, celle de l'écrivain. C'est sa punition s'il est petit, c'est sa récompense s'il est grand.

» Nous lisons le siége de Troie, nous voyons Achille, Hector, Ulysse, Ajax, Agamemnon ; nous sentons dans toute cette œuvre une majesté, qui est celle de l'écrivain. Zoïle a-t-il écrit ? Cherchons ce qu'il a laissé. Il s'est fait grammairien, commentateur, glossateur ; de chaque ligne sort ceci : Zoïle. Pendant que l'Iliade est ouverte devant vous, vous entendez la voix des siècles dire : Homère.

» Ainsi nous apparaissent Eschyle, Aristophane, Hérodote, Pindare, Théocrite, Plaute, Virgile, Horace, Juvénal, Tacite, Dante. — De même les petits ; mais à quoi bon les nommer ?

» Le livre existe ; il est ce que l'auteur l'a fait ; il est histoire, philosophie, épopée ; il appartient aux hautes régions de l'art ; il demeure dans les régions basses ; il est ce qu'il est ; c'est sans qu'il s'en mêle, c'est à son insu que se dresse fatalement à côté de lui cette ombre qu'il jette, la figure de l'auteur. C'est à la fin d'une longue vie toute laborieuse et toute orageuse, donnée toute à la pensée et toute à l'action, que ces vérités se révèlent. La responsabilité, cette compagne inséparable de la liberté, se montre. L'homme qui trace ces lignes le comprend. Il est calme. Si imperceptible qu'il soit devant l'infini, il ne se sent pas troublé. A toutes les questions qui peuvent sortir de l'ignoré, il n'a qu'une réponse : Je suis une conscience. Cette réponse, tout homme peut ou a pu la faire. Si elle est faite avec toute la candeur d'une âme sincère, cela suffit.

« Quant à lui, faible, ignorant, borné, mais ayant voulu et cherché le bien, il dira sans crainte à l'ombre immense, il dira à l'inconnu, il dira au mystère : Je suis une conscience ; et il lui semble sentir l'unité de la vie universelle dans cette tranquilité complète de ce qu'il y a de plus simple devant ce qu'il y a de plus profond.

« Il est un don suprême qui se fait souvent seul, qui n'en exige aucun autre, qui quelquefois reste caché et qui a d'autant plus de force qu'il est plus renfermé. Ce don, c'est l'estime.

« De la valeur de l'œuvre livrée ici dans son ensemble au public, l'avenir décidera. Mais ce qui est certain, ce qui dés à présent contente l'auteur, c'est que, dans le temps où nous sommes, dans ce tumulte d'opinions, dans la violence des partis-pris, quelles que soient les passions, les colères, les haines, aucun lecteur, quel qu'il soit, s'il est lui-même digne d'estime, ne posera le livre sans estimer l'auteur. »

Si le lecteur croit découvrir quelque analogie entre certaines observations formulées dans ce volume et des maximes de tel ou tel moraliste, cette coïncidence sera née du pur hasard ou plutôt de la justesse de l'idée qui s'est imposée successivement à plusieurs esprits. Au surplus, l'auteur affirme n'avoir lu en entier les Pensées de Pascal et celles de Marc-Aurèle, les Maximes de Laroche-

x

foucauld et celles de Vauvenargues , qu'à une époque où beaucoup des remarques qui composent ce livre étaient rédigées. Il ajoute que c'est à dessein qu'il a négligé , durant une partie de sa jeunesse , de lire les moralistes , afin précisément d'éviter les réminiscences involontaires. D'ailleurs Vauvenargues a dit : « Il y a peu de pensées synonymes , mais beaucoup d'approchantes. » (*Réfl. et Max.* , *n° 372.*) On peut enfin s'être rencontré à exprimer la même vérité qu'un autre , mais en termes différents, et avoir conservé quand même son originalité.

A ceux qui trouveront que l'auteur n'a pas cité assez de penseurs divers , il répond qu'il ne s'est pas proposé de comparer les moralistes entre eux , mais seulement d'invoquer parfois l'autorité de quelques-uns pour fortifier ses propres réflexions.

Ce livre aura des défenseurs et des détracteurs. Sinon, il ne vaut rien. Pour un écrivain , comme pour un amoureux , l'indifférence est la plus terrible des tortures. En amour, on veut être payé de retour ; différemment on aime mieux inspirer la haine ; mais être l'objet de la froideur , cela humilie et désespère. Dans l'ordre intellectuel , provoquer l'approbation épanouit l'âme ; s'attirer des colères surexcite l'esprit ; passer inaperçu afflige et déconcerte.

On trouvera peut-être que le style de ce livre n'est pas assez brillant , qu'il est terre-à-terre, que c'est , en un mot , un style de catéchisme. L'auteur avoue sincèrement qu'il a employé ce style par la raison que c'est le sien et qu'il eût été embarrassé pour en inventer un autre. Mais il ajoute que s'il n'eût pas eu ce style-là, il aurait cherché à l'acquérir, précisément parce que c'est le plus approprié à ce genre d'ouvrage.

Ce livre n'est pourtant ni un catéchisme ayant la prétention de résumer tout un corps de doctrines, ni un manuel prévoyant chaque circonstance de la vie et donnant des recettes pour y répondre, ni un recueil complet de préceptes, se rapportant à un système déterminé de philosophie pratique. Non, c'est simplement un ensemble d'observations sur des sujets divers et le résumé d'un certain nombre de leçons d'expérience généralisées dans l'expression. Quelques personnes trouveront peut-être que la plupart des enseignements qu'il contient sont des vérités de M. de La Palisse. Ce sera son plus grand éloge, car mieux vaut être accusé de publier des vérités qui courent les rues, que de mettre au jour des théories auxquelles personne ne comprend rien.

On dira très probablement : « Ce livre n'est qu'un recueil de vérités banales. » — Réponse : 1º Citez beaucoup de livres qui foisonnent des vérités nouvelles, incontestables ; 2º Celui qui expose des vérités n'invente rien, il formule, de même que Newton n'a pas inventé les lois de la mécanique mais les a simplement formulées. Si c'est là une œuvre vulgaire, que l'on essaie donc de recommencer tous les jours.

Il est probable que des lecteurs rencontreront dans ce livre des pensées obscures ou mal rendues, selon leur sentiment. L'auteur, qui ne réclame point une place à côté des Pascal, des Larochefoucauld et des Vauvenargues, demande la permission de rappeler que quelques pensées de ces trois moralistes sont, dans la forme tout au moins, unanimement critiquées. Il en déduit cette conclusion : si, malgré ces imperfections, ces génies ont conservé toute leur autorité, il a le droit, *lui chétif*, comme disait Clément Marot, d'exiger l'indulgence pour une œuvre qui n'a pas la prétention d'imposer des lois aux esprits.

Les éditeurs des *Pensées* de Pascal disent, dans leur préface :

« On a pris seulement parmi ce grand nombre de pensées celles qui ont paru les plus claires et les plus achevées ; et on les donne telles qu'on les a trouvées, sans y rien ajouter, ni changer ; si ce n'est qu'au lieu qu'elles étaient sans suite, sans liaison, et dispersées confusément de côté et d'autre, on les a mises dans quelque sorte d'ordre, et réduit sous les mêmes titres celles qui étaient sur les mêmes sujets ; et l'on a supprimé toutes les autres qui étaient trop obscures ou trop imparfaites. »

Il suffit de parcourir le recueil des *Pensées* de Pascal pour s'apercevoir que, par un pieux scrupule, les éditeurs ont encore laissé un certain nombre de pensées « obscures ou imparfaites. »

On trouvera peut-être un peu de décousu dans ce livre. C'est dans l'ordre. Ce livre est vrai. Il est l'analyse de longues et nombreuses leçons d'expérience qui se sont produites successivement et à propos de circonstances disparates. C'est précisément en cela qu'il pourra être utile aux jeunes gens. Nul auteur voulant traiter un sujet semblable ne saurait non plus adopter un plan qui s'appliquât absolument à tous ses lecteurs. En effet, autant d'individus autant de genres d'existences. Il suffit que ce livre renferme le résultat de l'expérience personnelle d'un homme et de ses observations sur les personnes qu'il a rencontrées pendant vingt-cinq ans, pour qu'il puisse (dans une certaine mesure, bien entendu) servir de guide à la jeunesse, en général. Il contient, en effet, des aperçus sur diverses situations dont les analogues se présentent tantôt dans l'existence d'une personne tantôt dans celle d'une autre.

Il ne manquera certainement pas de gens qui trouveront ce livre rempli de paradoxes. « J'aime mieux être un homme à paradoxes, a dit J.-J. Rousseau, qu'un homme à préjugés. »

Ce livre ne sera ni exhilarant ni austère. Il ne fera pas de l'esprit. Il ne se montrera ni savant ni ignare. Il sera vrai en tous points ou du moins il croira l'être. Il aura le ton naturel. Il présentera l'image du caractère de l'homme en général, qui n'est ni absolument gai, ni absolument morose, ni absolument spirituel, ni absolument niais. Il ne déconseillera que l'abus des plaisirs et non les plaisirs eux-mêmes. « Bien, diront les censeurs, nous savons ce qu'en vaut l'aune : c'est un de ces livres ternes qui n'apprennent rien à personne et qui sont en littérature ce que le juste-milieu est en politique. » Nullement. Il proteste avec énergie. Le plus grand outrage qu'on puisse lui faire est de le prendre pour une de ces productions pâles et creuses, où « la chèvre et le chou » sont également ménagés. On s'apercevra bien vite qu'il n'est pas cela. Mais il prêche ce qu'il croit être « la vérité vraie », comme disait M. Guizot. Et il a la prétention de demeurer vrai tant que la nature humaine ne sera pas sensiblement modifiée. Quant à son style, l'auteur en aurait été capable, qu'il ne l'eût revêtu d'aucune parure, estimant que les écrits apprêtés sont comparables aux individus guindés dans leur toilette, et que les grands airs masquent souvent la sottise et la fausseté.

Les personnes qui ne sont pas habituées aux difficultés de l'art d'écrire, sont choquées de voir les littérateurs s'excuser des fautes que peut contenir le livre qu'ils offrent au public. Ces personnes ne connaissent point le danger et n'admettent pas qu'on prenne ces précautions oratoires. Volontiers elles taxeraient ceux qui les emploient de défaut de sincérité. Voici cependant comment Helvétius, qui n'est pas suspect de fausse modestie et qui, à bien des points de vue, mérite d'être pris pour modèle, présentait aux lecteurs son *Traité de l'Esprit* :

« Je ne demande qu'une grâce à mon lecteur, c'est de m'entendre avant que de me condamner ; c'est de suivre l'enchaînement qui lie ensemble toutes mes idées, d'être mon juge et non ma partie. Cette demande n'est pas l'effet d'une sotte confiance, j'ai trop souvent trouvé mauvais le soir ce que j'avais cru bon le matin, pour avoir une haute opinion de mes lumières.

» Peut-être ai-je traité un sujet au-dessus de mes forces ; mais quel homme se connaît assez lui-même pour n'en pas trop présumer ? Je n'aurai pas, du moins, à me reprocher de n'avoir pas fait tous mes efforts pour mériter l'approbation du public. Si je ne l'obtiens pas, je serai plus affligé que surpris : il ne suffit point, en ce genre, de désirer pour obtenir.

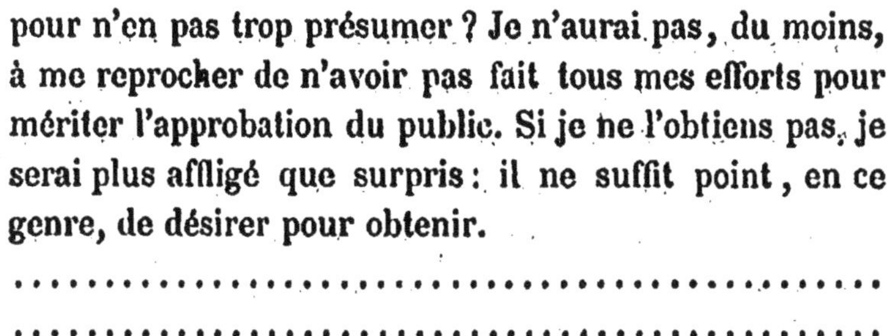

» Ce n'est, en tout genre, que dans la médiocrité de ses talents qu'on trouve un asile contre les poursuites des envieux. La médiocrité devient maintenant une protection, et cette protection je me la suis vraisemblablement ménagée malgré moi. »

L'auteur a tâché d'employer un langage simple et clair. Son vœu le plus cher serait que le lecteur fût obligé de se dire, à chaque page, « il n'y a pas de manière plus nette d'exprimer cette idée. »

Il avait fait, dans ces derniers temps, quelques extraits qu'il se proposait d'intercaler dans le texte de cet ouvrage, lorsque le passage suivant de Montaigne lui tomba sous les yeux :

« Tel allegue Platon et Homere qui ne les veid oncques : et moy, ay prins des lieux assez, ailleurs qu'en leur source. Sans peine et sans suffisance, ayant mille volumes de livres autour de moy en ce lieu où j'escris, j'emprunteray présentement, s'il me plaist, d'une douzaine de tels ravaudeurs, gents que je ne feuillette

gueres, de quoy esmailler le traicté de la Physionomie :
il ne fault que l'épistre liminaire d'un Allemand pour
me farcir d'allegations. Et nous allons quester par là une
friande gloire, à piper le sot monde. Ces pastissages de
lieux communs, de quoy tant de gents mesnagent leur
étude, ne servent gueres qu'à subjects communs et servent à nous montrer, non à nous conduire : ridicule
fruict de la science que Socrates exagite si plaisamment
contre Euthydemus. J'ay veu faire des livres de choses
n'y jamais estudiées, n'y entendues ; l'aucteur commet-
tant à divers de ses amis sçavants la recherche de cette
cy et de cette autre matiere à le bastir, se contentant,
pour sa part, d'en avoir projecté le desseing, et lié par
son industrie ce fagot de provisions incogneues : au
moins est sien l'encre et le papier. Cela, c'est, en conscience, acheter ou emprunter un livre, non pas le faire ;
c'est apprendre aux hommes, non qu'on sçait faire un
livre, mais ce de quoy ils pouvoient estre en doubte,
qu'on ne le sçait pas faire. »

A partir de ce moment, l'auteur n'a plus préparé ses
citations à l'avance ; il s'est contenté de reproduire celles
qui lui venaient à la mémoire — faculté bien faible chez
lui — au cours de ses travaux et qui paraissaient être
tout-à-fait en situation.

Proudhon a dit : « Vous consumez dix ans de votre vie
à faire votre in-octavo ; cinquante amateurs l'achètent,
puis vient le journaliste qui vous jette dans son tombe-
reau, et tout est dit : Les livres ne servent plus qu'à
l'apprentissage du journaliste ; le plus haut genre en

littérature, dans notre siècle, c'est le Premier-Paris, c'est le feuilleton. »

Soutenu, excité même par cette réflexion caustique, l'auteur s'est décidé à publier ses notes. Il ne dépend de personne, il ne cherche la faveur de personne et se préoccupe peu de la renommée. Dans ces conditions, il n'a pas à se contraindre et rend ce livre dépositaire de ses idées dont le public fera l'usage qu'il jugera à propos, aucun si cela lui convient.

Taine a écrit : « Quatre sortes de personnes dans le monde : les amoureux, les ambitieux, les observateurs et les imbéciles. » L'auteur du présent volume n'a plus le droit d'être amoureux, il ne fut jamais ambitieux, il croit être observateur et le lecteur jugera peut-être qu'il n'est qu'un imbécile.

B.-L.

AVERTISSEMENT

On a groupé les réflexions qui forment ce volume sous trois rubriques : SENTIR, PENSER, AGIR. Ces divisions correspondent à celles de la Psychologie : SENSIBILITÉ, ENTENDEMENT, VOLONTÉ. La dernière partie, AGIR, s'occupe de la façon de se conduire dans diverses circonstances de la vie. Tous les actes de la volition n'y sont pas prévus, assurément, et l'assimilation de cette portion du livre à un traité parfait de la VOLONTÉ, ne serait point justifiée. Il ne s'agit que d'une analogie rendue aussi complète que possible, eu égard au plan de l'ouvrage.

PREMIÈRE PARTIE

—

SENTIR

PREMIER ENTRETIEN

DE QUELQUES SENSATIONS ET DE QUELQUES SENTIMENTS

---

§ 1. — DE QUELQUES SENSATIONS.

Nous étendons l'expression « sensations » à divers états de l'âme, en quelque sorte passifs, inconscients ou fugitifs, qui ne sauraient être rangés dans la catégorie des sentiments ni dans celle des passions.

1er ARTICLE. — *De la Douleur*.

Les stoïciens prétendaient que la douleur physique n'était pas un mal. Ils avaient raison s'ils entendaient par là que la douleur éprouvée par un individu n'occasionnait pas un désordre intéressant ce qu'ils appelaient l'Etre universel. Mais il est certain que, par rapport à l'individu qu'elle atteint, la douleur physique est un mal, c'est-à-dire, une chose désagréable. Pour triompher des subtilités des stoïciens sur ce point, l'un de ceux, en assez petit nombre d'ailleurs, où leur système soit déraisonnable, il faudrait définir la douleur : une impression qu'on aimerait mieux ne pas ressentir.

2me Article. — *De l'Irritabilité.*

Les personnes peu habituées à la discussion supportent impatiemment la contradiction. Elles ne le montrent pas toujours, mais au fond leur amour-propre est froissé à un degré dont on n'a pas l'idée. Il faut être avocat, avoué, magistrat, membre d'une assemblée délibérante quelconque, pour se rendre parfaitement compte que les autres peuvent professer une opinion différente sans outrager votre personne et sans suspecter votre bonne foi, votre intelligence ou la rectitude de votre jugement.

3me Article. — *Accoutumance aux ennuis.*

Il est un phénomène psychologique très-curieux à observer. C'est celui-ci : un homme reçoit, par exemple, une lettre qui le contrarie vivement. Tout d'abord son irritation est considérable. Puis insensiblement elle se calme, et, au bout de peu de jours, souvent même au bout de peu d'instants, elle est complètement dissipée. L'outrage reste pourtant le même, et celui qui en est victime a toujours présentes à l'esprit les injures qu'il a reçues. Comment donc l'impression s'est-elle amoindrie ?... C'est un bienfait de la nature et s'il ne se réalisait pas, la vie deviendrait en peu de temps insupportable.

4mo Article. — *Futilité.*

Quand une des principales distractions d'un homme est de savoir ce qu'on dit de lui et si on le trouve plus ou moins beau, plus ou moins intelligent, plus ou moins capable qu'un tel ou qu'un tel, c'est que l'esprit de cet homme n'a rien de viril et se rapproche considérablement de celui des femmes frivoles.

*
* *

M. Alexandre Dumas fils a écrit l'*Homme-Femme* pour prouver que les deux sexes doivent se prêter en toutes choses un mutuel concours et se compléter l'un l'autre.

Il y aurait peut-être lieu de faire une brochure sur les « *hommes-femmes* », afin d'établir que nombre d'êtres du sexe masculin ont toutes les faiblesses, les petites passions et les mesquineries qui déparent — quelquefois — le plus charmant des deux sexes.

⁂

Si les enfants se doutaient que les grandes personnes attachent de l'importance à des hochets aussi futiles que les leurs, ils cesseraient d'aspirer à devenir *grands*.

5ᵐᵉ ARTICLE. — *Sympathie.*

On n'est intéressant que dans la compagnie des personnes qui vous intéressent.

6ᵐᵉ ARTICLE. — *Défiance des gens de petite ville.*

Les personnes qui viennent habiter une petite ville sont portées à s'y déplaire, parce qu'elles craignent précisément de s'y déplaire. De leur côté, les habitants se défient instinctivement des étrangers. Ils se demandent dans quel esprit ceux-ci viennent au milieu d'eux et s'ils sont hostiles ou bienveillants. Par bonheur, ces défiances réciproques se dissipent peu à peu. Les uns et les autres finissent, le plus souvent, par s'apercevoir qu'ils peuvent vivre ensemble en bonne intelligence.

7ᵐᵉ Article. — *Timidité.*

Ne pas oser, c'est avoir peur. *On ne devrait jamais avoir peur.* Mais cette théorie, comme tant d'autres, ne se vérifie pas toujours dans la pratique.

Avoir peur est un fait. C'est une impression. Très-souvent elle est parfaitement compatible avec le courage. Cela peut paraître paradoxal. Lorsque la peur est un état nerveux, un ébranlement brusque et passager de l'organisme, on n'en est nullement responsable. Maint soldat, par exemple, qui risque sa vie sans sourciller dans les batailles, a peur du tonnerre.

*
* *

La timidité rend certaines personnes muettes et d'autres bavardes. Il semble que ces dernières sont comme grisées par le trouble qu'elles éprouvent. Alors elles parlent à tort et à travers et commettent mille maladresses.

*
* *

Au collége, les bons élèves sont quelquefois décontenancés par les *cancres*, et tel jeune poëte aurait vu son talent se développer si ceux qui ne savaient pas faire des vers ne s'étaient attachés à le rebuter par leurs huées : « Oh ! un tel qui fait des vers ! » Représentez-vous des femmes édentées criant à leurs compagnes mieux partagées, « Ah ! ah ! celles-ci qui ont dents ! Est-ce bien permis ?... »

*
* *

Souvent les jeunes gens font les choses moins bien qu'ils n'en sont capables, parce qu'ils se jugent insuffisants à les faire ou croient qu'on doit les exécuter d'une façon toute différente.

*
* *

Jeunes gens, quand vous vous reconnaissez un peu de valeur, n'attendez pas, dans votre bonne foi naïve, que les autres aient la loyauté de mettre cette valeur en lumière. Si vous voulez utiliser vos mérites, soit à votre profit, soit de préférence au profit du bien général, n'hésitez point à chercher les occasions de prouver que vous avez quelque talent. — C'est une audace que tout le monde ne parvient pas acquérir.

8me ARTICLE. — *Hébétude.*

Trois choses hébètent : L'amour, la gêne et la subordination.

§ 2. — DE QUELQUES SENTIMENTS.

1er Article. — *Du Cœur.*

Il faut entendre par « gens de cœur » non-seulement les personnes qui ont de la bravoure et de la fermeté, mais encore et surtout celles qui se distinguent par des sentiments élevés.

* *

Lorsque le Cœur inspire une action, il est prudent d'en ajourner l'exécution, dans l'intérêt de la Raison.

* *

C'est un grand malheur que d'avoir les sentiments trop affinés.

* *

Le cœur est semblable à un vase précieux : plus il a d'âge, plus on doit éviter de le briser.

* *

On devrait, dès le bas-âge, nous endurcir aussi bien contre la douleur morale que contre la douleur physique. Développer la sensibilité des enfants, c'est leur rendre le plus mauvais des services.

Assurément, la sensibilité procure, par moments, d'ineffables jouissances ; mais, en revanche, elle occasionne des chagrins d'autant plus nombreux et intenses qu'elle est plus développée , car l'homme impressionnable est touché non-seulement. des malheurs qui le frappent, mais encore de ceux de ses proches, de ses amis et même des indifférents. Et cependant, quand on est doué de sensibilité, on ne voudrait pas y renoncer.

2me ARTICLE. — *Insensibilité des paysans.*

La plupart des paysans manquent de sensibilité. Chez l'ouvrier, cette disposition est, au contraire , assez développée. Aussi. l'ouvrier comprend-il mieux, en général, que le paysan, les questions d'un ordre élevé ; il trouve parfois des élans généreux que connait rarement celui-ci.

3me ARTICLE. — *De la piété filiale.*

Les parents ne doivent pas réclamer le respect et l'affection de leurs enfants *uniquement* parce qu'ils leur ont donné le jour, car les enfants seraient fondés à répondre qu'ils ne les avaient point en vue, au moment de la conception. C'est en les entourant de soins, qu'ils se font chérir et respecter. Leurs droits véritables à la reconnaissance commencent à leurs premiers bienfaits.

4me Article. — *De la Reconnaissance.*

Les protégés ne sont pas toujours tenus envers leurs protecteurs à une reconnaissance sans bornes. C'est lorsque les protecteurs y trouvent leur compte, en ce sens qu'ils sont enchantés d'affirmer leur influence et qu'ils ont en vue de l'affirmer plutôt que d'être utiles à leurs recommandés.

5me Article. — *Bonté envers les animaux.*

La cruauté envers les animaux est l'indice d'une nature profondément perverse. Les bêtes qui se trouvent le plus habituellement en la compagnie de l'homme, sont le cheval et le chien. L'un et l'autre sont, le plus souvent, absolument inoffensifs.

Le cheval n'a certainement ni l'intelligence, ni la douceur affectueuse du chien ; mais c'est un être docile, laborieux, exempt de malice, et qui a droit à de bons traitements.

Le caractère du chien a quelque chose de particulier, presque de mystérieux. Le cœur admirable de cet animal se retrouve dans le bichon havanais aussi bien que dans l'énorme molosse.

Le chien est la créature la plus sympathique, on pourrait dire la plus honnête qui existe. Tuer un chien de sang froid est un véritable crime. Et si ceux qui emploient ces expressions « tuer comme un chien », se rendaient compte de l'atrocité de leurs paroles, ils seraient des monstres.

6me Article. — *De la dignité humaine.*

L'homme qui a de la dignité n'admet pas qu'on lui fasse l'aumône de le croire sur parole. Il a la fierté de prouver tout ce qu'il avance.

*
* *

On s'étonne parfois que les hommes se passionnent pour leurs opinions et que la discorde naisse de leurs dissentiments. Cependant rien n'est plus naturel et plus logique. A proportion que l'Humanité donnera le pas aux idées sur la matière, cet antagonisme entre les gens pensant différemment s'accentuera davantage.

*
* *

Un démenti est l'outrage le plus sanglant qu'on puisse recevoir. Et cependant on voit communément des gens se laisser dire qu'au fond ils n'ont pas les opinions qu'ils professent. C'est reçu. Qu'on y réfléchisse, un démenti en ces matières est chose grave.

*
* *

La dignité personnelle a droit aux plus grands égards. Les magistrats, les hauts fonctionnaires, les militaires des grades les plus élevés ne doivent pas se permettre de léser celle de leurs subordonnés. S'ils s'oubliaient à ce point, ils seraient exposés à de vertes ripostes qu'aucune punition ne saurait atteindre.

*
* *

Jeunes gens, pardonnez tout excepté deux choses : 1º les atteintes à votre honneur et à l'honneur des personnes qui vous sont chères ; 2º les humiliations. Se laisser humilier, c'est mériter de l'être.

7ᵐᵉ ARTICLE. — *De l'esprit de justice.*

Un homme honnête doit avoir l'amour de la justice si développé qu'il n'hésite pas à se traiter lui-même avec la dernière rigueur lorsqu'il s'aperçoit qu'il est en faute.

8ᵐᵉ Article. — *La vraie noblesse.*

On peut ne pas tenir à descendre des Croisés, mais il est une noblesse à laquelle chacun se pique d'appartenir : c'est celle du cœur ; et une aristocratie dont tout le monde croit faire partie: celle de l'intelligence.

9ᵐᵉ Article. — *De la parole d'honneur.*

Manquer à sa parole et mentir sont deux choses dont aucune révolution, aussi socialiste qu'elle soit, ne pourra jamais changer le caractère ; car autoriser le mensonge et souffrir qu'on viole ses promesses, c'est rendre tout incertain, c'est donner la prépondérance à la force brutale, c'est décréter officiellement le retour à la barbarie. Ainsi, le communisme fût-il établi, l'homme qui se ferait donner un blanc-seing et qui en abuserait, commettrait une mauvaise action. Alors même que l'on en viendrait à bouleverser de fond en comble les règles qui régissent *le mien et le tien,* il est un principe qui restera éternellement debout : c'est celui de la parole donnée, parce qu'il est de l'essence même de l'être.

10ᵐᵉ Article. — *Du vrai mérite.*

Jeunes gens qui êtes sincèrement animés du

désir de vous rendre utiles au bien général, ne vous mettez pas en avant comme de méprisables ambitieux. Bornez-vous à vous faire connaître. De nos jours, les progrès de l'instruction et ceux de l'éducation permettent aux populations de discerner mieux qu'autrefois quels sont les hommes capables et dévoués à la chose publique.

Aussi, jeunes gens, il est de votre dignité d'attendre qu'on vous désigne pour les candidatures. Vos capacités et vos mérites ne resteront pas indéfiniment méconnus et l'on viendra vers vous lorsqu'on aura besoin de votre concours. Il n'est pas d'hommes indispensables ; et si l'on ne vient pas vous chercher, c'est qu'on aura rencontré d'autres citoyens qui ont parfaitement rempli votre rôle.

On ne peut toutefois s'empêcher de faire la réflexion qu'à une époque où chacun se vante sans mesure, il est assez embarrassant d'affirmer le mérite d'un homme quand on ne l'a jamais entendu dire du bien de lui-même. Mais cette remarque ne tire pas à conséquence ; c'est au public d'être attentif à découvrir le vrai mérite ; et, on le répète ici, après Montesquieu, sa sagacité à cet égard est fort subtile. Or, ce qui était vrai à l'époque de Montesquieu est plus vrai encore à la nôtre où l'instruction est plus étendue.

*
* *

Il en est des hommes comme des tableaux :
les uns sont éclatants et brillent de loin ; les
autres ont besoin qu'on s'approche d'eux et
qu'on découvre leurs qualités.

11me Article. — *De la Candeur.*

On disait à un homme parvenu à l'âge viril :
« Mettez donc de côté votre candeur. » Il répondit : « Je comprends que cette qualité enfantine est un défaut, passé vingt ans, au point de
vue de ce qu'on appelle le soin de ses intérêts.
Mais je l'aime, ce défaut charmant, et aujour-
d'hui je veux, de parti pris, le conserver. »

12me Article. — *De la Modestie.*

La modestie est plutôt un sentiment, même
un simple état de l'âme, qu'une vertu. Sainte-
Beuve a dit : « Un homme sincèrement modeste
et humble peut être très-habile sur certains
points, très-courageux de résistance sur certains
autres, mais il y a fort à penser qu'il est inca-
pable d'une certaine initiative, d'un esprit d'en-
treprise et de poursuite, d'un essor complet et
libre de ses facultés, et c'est parce qu'il se sent
instinctivement inférieur à un tel rôle et à une
telle responsabilité qu'il est si craintif et si rou-

gissant de se produire, si en peine lorsqu'il s'est trop avancé... »

*
* *

J.-J. Rousseau a dépeint ainsi la modestie d'Emile, le jeune homme qu'il rêvait : «... Jamais il n'est plus à son aise que quand on ne prend pas garde à lui. »

*
* *

Le public est tellement habitué à voir les gens exalter leur propre mérite, que les personnes qui se bornent à se montrer exactement ce qu'elles valent, sont immanquablement considérées comme inférieures à ce qu'elles paraissent être. Comment sortir de là ? On ne peut pourtant pas conseiller de se surfaire. Il n'y a guère qu'un moyen de tout concilier : c'est de ne s'exposer qu'au jugement des esprits droits et éclairés.

*
* *

Par un effet de l'esprit de contradiction, si répandu parmi les hommes, on est plus disposé à trouver du mérite à quelqu'un sur les choses où il ne se pique pas d'en avoir considérablement.

*
* *

Les personnes sincèrement modestes ignorent, dit-on, leur propre valeur. Mais on doit se demander si cette modestie qui empêche de s'attribuer le mérite que l'on a réellement, est bien une qualité. N'est-elle pas plutôt un défaut de jugement ? Ce point d'interrogation gêne celui qui écrit ces lignes, car, dans sa jeunesse, il avait trouvé la définition suivante de la modestie et il y tenait : « La modestie est la sœur de l'égalité et l'une des manières d'être du bon-sens. » S'il décidait aujourd'hui que la modestie est un défaut de jugement, il lui faudrait renoncer à cette définition. Il y a de quoi être perplexe. La vraie définition pourrait être celle-ci : la Modestie consiste à ne pas tirer vanité des qualités dont on se sait doué.

Les personnes sincèrement modestes ont une tendance à fermer la bouche à celles qui font leur éloge. Tout bien considéré, il vaut mieux laisser nos amis dire du bien de nous. Si ce ne sont pas eux qui en disent, nul n'en dira, et l'on croira nécessairement ceux qui en disent du mal.

13ᵐᵉ Article. — *De la fausse honte.*

On craint, en général, celui qui peut vous tourner en ridicule.

Très souvent, ce n'est ni par modestie ni par timidité qu'un homme hésite à se produire ; c'est par excès d'amour-propre et dans la crainte de ne pas être jugé assez favorablement.

DEUXIÈME ENTRETIEN

—

DE QUELQUES PASSIONS

—

§ 1. — PASSIONS NOBLES

1er ARTICLE. — *Bienfaisance.*

On dit communément : « un bienfait porte toujours sa récompense. » On devrait ajouter : « ....qui consiste, le plus souvent, dans le plaisir d'avoir accompli une bonne action. »

2me ARTICLE. — *Bienveillance.*

Efforcez-vous d'être bienveillants. Lorsque vous faites une nouvelle connaissance, attachez-vous tout d'abord à découvrir ses qualités. Quant à ses défauts, attendez de les avoir bien constatés pour vous prononcer. Il est arrivé plus d'une fois qu'un homme jugé trop légèrement par ses pairs a prouvé, dans la suite, qu'il avait des vertus et des talents autrement solides que les leurs.

*
* *

Un homme illustre ou considérable devrait faire bon accueil à tous les jeunes gens et répondre au moins une fois aux lettres des inconnus, dans la pensée que, peut-être, sur le nombre, il se rencontrera quelque talent encore caché. Car il vaut mieux perdre soi-même quelques instants que d'exposer le mérite d'autrui à rester ignoré faute d'être encouragé.

*
* *

Un homme qui commande à des subordonnés ne doit jamais, s'il a l'esprit élevé, leur faire sentir sa supériorité hiérarchique d'une manière hautaine.

*
* *

Il ne faut pas croire que la bienveillance se paie par la réciprocité. Cette vertu exige qu'on la pratique par amour pour elle-même. Ce serait donc un mauvais calcul que d'être indulgent pour les autres, afin que ceux-ci le soient pour vous. Vous avez beau être miséricordieux pour les gros péchés d'autrui, il ne vous pardonnera point vos moindres péchés véniels.

3me Article. — *Philanthropie.*

Celui-là serait le plus méritant des hommes qui inspirerait à ses semblables l'amour les uns des autres et qui obtiendrait dans le monde entier la mise en pratique du précepte « *diligite vos invicem*, aimez-vous les uns les autres. »

*
* *

En Philanthropie, il n'y a qu'un principe : faire à autrui ce que vous voudriez qui vous fût fait.

*
* *

Il y a des gens qui cherchent la gloire en faisant des livres, en gagnant des batailles, en accomplissant des travaux de diverses natures. Pourquoi n'y en aurait-il pas qui se feraient une spécialité de la Philanthropie et se prépareraient ainsi les suffrages de la Postérité ?

*
* *

Ceux qui croient qu'on poursuit nécessairement un but ambitieux lorsqu'on offre ses conseils à des concitoyens moins éclairés, ignorent deux choses : la première, c'est qu'il est très-doux de se rendre utile ; la seconde, que l'amour-propre y trouve sa petite satisfaction.

Mais la satisfaction de faire le bien l'emporte sur la sensation d'orgueil. Il faut n'avoir jamais rendu un service dans sa vie pour l'ignorer.

*
* *

Quand un Rothschild donne deux cents francs, cette aumône équivaut à la deux cent millième partie de son revenu, si, comme on le prétend, la maison Rothschild a dix millions de revenu, ce qui, certainement, n'a rien d'exagéré. Supposons maintenant que ce soit un des employés de la maison Rothschild qui donne la deux cent millième partie de ses appointements à un pauvre, étant donné que cet employé ait 5,000 francs de traitement. Quel sera le chiffre? Deux centimes et demi. Supposons encore que cet employé verse le double, soit un sou ; il se trouvera qu'il a donné deux fois autant que ses patrons.

*
* *

Le vrai philanthrope n'est jamais lassé par les supplications des malheureux. Il peut se trouver impuissant à les satisfaire, mais sa patience à les écouter et à les bien accueillir demeure entière.

4me ARTICLE.. — *Courage.*

Il est certainement très-beau de faire le

sacrifice de sa vie pour empêcher, par exemple, une citadelle ou un vaisseau de tomber entre les mains de l'ennemi. Mais c'est se laisser aller à un enthousiasme irréfléchi que de louer dans tous les cas ces actes héroïques. Il y a là toujours à se demander si, dans tel cas déterminé, les hommes qui se sont voués à la mort n'auraient pas, en conservant leur vie, été plus plus utiles à leur patrie et au genre humain.

*
* *

On ne se rend pas toujours compte si l'on est courageux dans le véritable sens du mot. Voici un procédé qui aide à se faire une opinion sur soi-même, à ce sujet. Il faut se représenter que l'on est détenu sous le coup d'une condamnation capitale, attendant le moment de son exécution, et qu'un ami, un serviteur ou même un inconnu viennent vous offrir de prendre votre place et de s'exposer à toutes les conséquences de cet acte généreux. Si vous sentez de la manière la plus nette que vous n'accepteriez point, réjouissez-vous, vous n'êtes pas dénué de courage.

*
* *

On n'a pas de mérite à se comporter avec courage, lorsqu'on ignore le danger que l'on court.

5ᵐᵉ Article — *Indépendance*

En toutes choses, on doit agir selon ses goûts et ses inspirations, parce que toute action (les crimes exceptés, bien entendu) trouve autant d'approbateurs que de censeurs, et, surtout parce qu'au nombre des approbations on est toujours sûr d'en compter une qui n'est pas la moins précieuse : celle de sa conscience.

*
* *

Quand l'homme sage fait une chose comme tout le monde, il ne la fait pas uniquement parce que tout le monde la fait, mais bien, parce qu'il croit qu'on a raison de la faire. De même, il lui arrive souvent de ne pas faire des choses que tout le monde fait parce qu'il croit qu'on a tort de les faire. En un mot, il se réserve, en toute circonstance : son libre examen, son droit de contrôle et son indépendance d'action.

*
* *

Les hommes indépendants de caractère ne sont pas placés de façon à se rendre un compte exact de la servilité humaine, qui est sans bornes. Parmi ceux (très rares) qui s'en font une idée, les uns se contentent de la mépriser ; les autres l'exploitent avec impudence ; ce sont ces derniers que l'on désigne sous les noms de con-

quérants, de grands génies politiques, de sau-
veurs des peuples.

*
* *

Pourquoi chercher à dominer quand on a tant
à faire pour éviter d'être dominé ?

*
* *

Il ne faut pas nous dissimuler que nous avons,
en France (et au nombre des plus *avancés*, en
apparence) des hommes, qui cherchent surtout
à dominer. Ils ne veulent pas, de maitres ; fort
bien. Mais ils ne seraient pas fâchés de l'être
un peu et même beaucoup.

*
* *

Il faut avoir une indépendance de caractère
telle que l'on n'hésite pas à discuter rigoureusement chaque opinion du parti auquel on appartient, afin de ne se l'assimiler qu'autant qu'on
s'en est démontré la justesse.

*
* *

Les hommes capables qui sont indépendants
de caractère , perdent momentanément une
partie de leurs moyens, lorsqu'ils occupent des
positions où ils n'ont pas une initiative suffisante.

⁂

Qu'est-ce qu'un préfet ou un ambassadeur en comparaison d'un homme libre qui, comme le Juif-Errant, a toujours cinq sous dans la poche ?

⁂

Il n'y a aucun mérite à être indépendant quand on a de la fortune ; mais montrer de l'inpendance lorsqu'on n'a d'autres moyens d'existence que le traitement des fonctions dont on est investi, c'est une conduite voisine de l'héroïsme.

6ᵐᵒ ARTICLE. — *Ambition élevée.*

Il y a deux sortes d'ambition : l'ambition de l'argent et l'ambition de la renommée. La première est vulgaire ; parfois elle est condamnable : c'est lorsque ceux qui y sacrifient emploient des moyens peu honorables pour la satisfaire. L'autre est respectable. Comment, en effet, ne pas entourer d'égards des hommes qui se bornent à désirer la considération de leurs concitoyens ? Véritablement, ceux-ci se montreraient bien ingrats et, en même temps, bien maladroits, s'ils ne profitaient pas des services considérables de gens qui ne demandent, pour toute rémunération, que l'estime de leurs semblables !

**

Il ne faut pas se le dissimuler, les hommes qui sont ambitieux uniquement pour être *plus que les autres*, ont, en réalité, sans qu'ils s'en rendent peut-être parfaitement compte, des sentiments despotiques. L'homme véritablement dévoué à la chose publique, doit se placer en face de sa conscience, quand il sollicite un mandat électif ou une fonction, et se demander si le désir de se rendre utile est ce qui le dirige le plus. S'il sent que c'est le désir d'être en évidence ou de s'enrichir, il doit combattre énergiquement ces tendances pour se montrer sincèrement un bon citoyen.

**

On réformera difficilement les hommes. Presque tous travaillent, en politique, pour le pouvoir ou la considération. Il faut faire dériver cette tendance vers l'influence salutaire. Si l'on parvient à donner aux hommes cette saine ambition qui consiste à n'aspirer à la notoriété qu'afin de se rendre utiles, on obtiendra d'admirables résultats.

**

L'apogée de l'ambition d'un citoyen éclairé sachant suffisamment manier la parole et la plume, consiste en ceci : pouvoir dire tout ce qu'il croit utile, à tous les points de vue ; empêcher les ambitieux égoïstes d'arriver à leurs fins ; faciliter la gestion des affaires publiques aux hommes désintéressés, capables et véritablement dévoués au bien général ; contribuer à rapprocher le plus possible les hommes de l'idéal de la perfection sociale.

**

L'ambition impatiente, fiévreuse, impérieuse, n'est pas celle qui réussit. Celle-là devient de la folie et se change en manie des grandeurs. Celle qui aboutit est l'ambition patiente. C'est celle des esprits robustes qui, après avoir énergiquement poursuivi le succès, prennent stoïquement leur parti de l'insuccès.

**

L'ambition la plus inoffensive, la plus légitime et la plus séduisante pour les esprits élevés, est celle qui consiste à vouloir conquérir l'empire des idées pour le compte de la vérité.

**

Avoir des fonctions modestes où l'on puisse se rendre utile, un petit titre officiel qui vous permette d'aller partout, jouir de la faculté de disposer, en toute liberté, d'une cinquantaine de jours par an, occuper les loisirs que laissent les occupations professionnelles à des travaux intellectuels, c'est là le maximum de l'ambition d'un philosophe.

*
* *

Quand le philosophe a vu de près la magistrature, l'administration, l'exercice des mandats électifs, il éprouve un souverain éloignement pour toutes les choses qui excitent l'ambition de la plupart des hommes.

*
* *

L'idéal de l'homme qui est animé de la seule ambition qui soit non-seulement excusable mais louable au plus haut degré, a été exprimé d'une manière très-précise par un des premiers écrivains de notre époque : M. Victor Cherbuliez. Dans son beau roman « *L'idée de Jean Téterol* », il dépeint ainsi le caractère d'un de ses principaux personnages :

« L'absolu désintéressement est une chimère; et le Moi n'est haïssable que l'orsqu'il n'y a rien dessous. Lionel était un ambitieux, résolu à faire sa trouée ; mais il avait horreur des voies obliques, des routes honteuses, il entendait gagner la partie de franc jeu, il voulait devenir quelqu'un pour servir plus utilement la cause qui

lui était chère · et dont il confondait les espérances avec les siennes, l'avenir avec ses propres
destinées. »

*
**

Celui-là est fou qui ne tempère pas son ambition par le sentiment profond de l'inanité des
choses humaines.

*
**

Un homme animé d'une noble ambition est à
l'abri des dangers de l'amour vulgaire.

7ᵐᵉ Article. — *Gloire.*

Les philosophes n'ont pas encore donné la
raison de ce phénomène qu'on observe chez la
plupart des hommes : le désir, le besoin, la nécessité de faire parler de soi.

*
**

On entend parler, à chaque instant, des suffrages de la Postérité. Cependant les hommes
qui cherchent avec persévérance à se ménager
une gloire posthume sont relativement rares.
Ainsi nous voyons, dans les départements, des
citoyens qui se font nommer députés et qui paraissent, au premier abord, doués des qualités
qui constituent les amants de la renommée, ne

pas tarder à se laisser retomber dans l'ornière.
Ce n'est pas que le désir d'être en évidence les
ait abandonnés, mais les efforts qu'il faudrait
faire pour secouer leur torpeur les épouvantent.

**

Il est des hommes qui publient des ouvrages
d'une très haute utilité pratique et qui néces-
sitent une grande dépense d'intelligence et de
savoir, mais qui ne procurent à leurs auteurs
aucune renommée. Ce sont les ouvrages d'érudition proprement dite, de compilation, etc, etc.
On considère généralement que les auteurs de
ces ouvrages ont été juste assez intelligents
pour les produire et ne l'ont pas été suffisamment pour traiter des sujets susceptibles de
faire passer leurs noms à la postérité. Nous
serons plus charitables et peut-être plus justes
en supposant qu'ils ont voulu, par modestie et
par amour de l'Humanité, se borner à être utiles
aux autres, sans rechercher pour eux-mêmes une
gloire retentissante.

**

Une foule de pauvres diables ont la manie de
vouloir *percer*. Et ils viennent à Paris pour cela !
Ils s'abusent étrangement, pour la plupart. Il
faut d'abord commencer par *percer* chez soi. Si
l'on est dans les premiers à Agen, par exemple,

il peut très bien arriver que parfois il sera question de vous à Paris ; tandis que, même avec du
talent, vous dix-millième parmi les hommes remarquables de Paris, vous ne ferez jamais parler
de vous à Agen.

* *

Il semble que les hommes illustres devraient
aimer à se survivre, c'est-à-dire à cesser tout
travail quelques années avant de mourir, suivant
les prévisions probables, pour jouir de leur
gloire et la contempler, comme s'il s'agissait de
celle d'autrui, avec la certitude qu'elle ne décroît
pas par leur faute.

* *

L'illustration est souvent amenée par la gêne.

* *

Un homme arrivé à la notoriété ne doit plus
prendre garde aux outrages qu'on lui adresse.
Il compte assez de partisans pour le défendre
sans qu'il s'en occupe.

§ 2. — PASSIONS BASSES.

1er Article. — *Egoïsme.*

Celui qui n'a observé que des hommes bons ne connait pas suffisamment le cœur humain.

*

Un spiritualiste pourrait définir l'égoïsme : « la suprême expression du respect de la créature pour l'œuvre du créateur..., quand cette œuvre est elle-même. »

*

La plupart des hommes ne pensent qu'à eux. Aussi, dans les relations sociales, on sent, lorsqu'on à une expérience suffisante du monde, ce vide profond qui révèle sûrement qu'on n'a pas des attaches étroites et durables avec les personnes que l'on fréquente. — Il s'agit ici, bien entendu, des relations banales et non des liaisons solides que chacun entretient et qui sont toujours peu nombreuses.

*

Quand nous voyons un végétal mort, pourquoi ne sommes nous pas attristés comme lorsque c'est un homme ? Pourquoi, si c'est un homme, sommes-nous plus impressionnés que si c'est un animal ? Cela tient, sans doute, à un sentiment de personnalité qui nous fait faire, à notre insu, un rapprochement entre l'objet qui a péri et nous. Et nous sommes plus touchés de la destruction d'un homme que de celle de tout autre objet parce que nous frémissons à la pensée que l'être anéanti aurait pu être nous-mêmes.

La sensibilité est donc parfois une manifestation de l'égoïsme. Nous nous apitoyons sur les les maux d'autrui parce que nous sommes attristés à l'idée que nous pourrions en être atteints. Cette idée est presque toujours confuse. Elle est inconsciente et pourrait s'appeler un instinct.

*
* *

Si vous voulez intéresser les gens, parlez leur beaucoup de leurs affaires et très peu des vôtres.

*
* *

Nous faisons en sorte qu'on sache bien que nous ne sommes pas égoïstes, lorsqu'en effet nous ne le sommes pas. Malgré cela, nous pouvons passer pour tels, alors qu'une foule d'audacieux hypocrites, qui rapportent tout à eux seuls, se donnent la réputation d'être le désintéressement et la générosité en personne. Leur tactique fait partie de ce qu'on nomme la souplesse des gens du monde.

* *

Il faut se défier des prétendus misanthropes qui, sous prétexte qu'ils méprisent l'Humanité à causes de ses vices, se dérobent aux devoirs de la bienfaisance la plus élémentaire.

* *

Ce qui suit est peut-être un paradoxe.

On dit des hommes : le meilleur ne vaut rien. Voici l'origine probable de cet adage : chaque individu se juge très-favorablement et cependant il ne peut s'empêcher de se reconnaître des défauts ; il conclut qu'ayant des imperfections quoique étant aussi accompli que possible, l'homme le meilleur ne vaut pas grand'chose. La sagesse des nations s'est emparée de cette opinion et comme le langage des proverbes est absolu, le dicton déclare que le meilleur homme ne vaut rien.

2me Article. — *Avarice.*

L'Avarice, qui est une des formes de l'Egoïsme, tourne, par un singulier effet de l'exagération de cette passion, contre celui qui s'en fait l'esclave. Il semblerait rationnel que l'avare accumulât les richesses pour se servir tout au moins de leurs revenus afin de se donner toutes les jouissances que la fortune peut procurer. Ce n'est point ce qui arrive. L'avare entasse l'or par amour de l'or lui-même et il en vient à se priver des objets les plus indispensables et à se laisser mourir de faim au milieu de ses trésors.

Chose bizarre, l'Avarice est peut-être l'unique passion dont l'objet soit le résultat d'une simple convention sociale. Expliquons-nous. L'or et l'argent monnayés ne sont autre chose qu'une marchandise destinée à échanger toutes les autres. La monnaie est un signe convenu, rien de plus. Il est donc bien étrange que les avares se prennent d'amour pour elle. L'adoration des métaux ouvragés, travaillés en forme de vases élégants, de statues ou d'autres figures, tout extraordinaire qu'elle serait, pourrait s'expliquer par le sentiment de l'art. Mais précisément les avares ne collectionnent pas, en général, les œuvres artistiques. Ils thésaurisent pour thésauriser, ils amassent les pièces de monnaie et leur vouent un véritable culte de latrie. Toutes les autres passions recherchent la satisfaction des sens ou d'ambitions qui se traduisent en avantages positifs. Seule, l'avarice n'a aucun but ni aucune issue.

3ᵐᵉ Article. — *De l'Intempérance.*

L'Intempérance habituelle ruine le corps, ternit l'intelligence, corrompt les sentiments. Toute assemblée délibérante, toute association philanthropique ou autre, doit écarter les intempérants. S'il y a lieu de les aider pécuniairement ou à un titre quelconque, il faut le faire ; mais les admettre à prendre part aux discussions et aux résolutions, jamais. Ils se mettent hors de l'Egalité en conservant des habitudes dégradantes qui les empêchent de juger les questions avec une entière liberté d'esprit. Et il ne s'agit pas seulement d'interdire à ces hommes l'entrée des séances quand ils sont en état d'ébriété, mais de les leur interdire d'une manière générale jusqu'à ce qu'ils soient corrigés de leur vice.

4ᵐᵉ Article. — *De la Paresse.*

La Paresse invétérée dispose à la malhonnêteté, à l'indélicatesse, à l'improbité. Elle prépare à la vénalité, par suite à la déloyauté, à la trahison, à l'espionnage, à la délation. On a bientôt fait d'un paresseux un mouchard. Un paresseux a besoin de vivre tout comme un autre, et, comme il ne travaille pas, il puise ses moyens d'existence à des sources inavouables, depuis le métier de souteneur de filles jusqu'à celui de voleur de grand chemin et d'assassin. Il est évident que les personnes honnêtes ne doivent pas admettre dans leurs sociétés de semblables personnages. Il n'est point nécessaire, assurément, qu'ils en soient rendusâce dernier degré de scélératesse. Il suffit que leurs habitudes d'oisiveté soient connues pour qu'on les exclue des réunions de gens honorables.

5me ARTICLE. — *Du Vol.*

L'action de dérober le bien d'autrui est coupable parce qu'elle viole l'équité. L'objet que s'approprie le voleur a été confectionné par le travail d'autrui ou légitimement acquis par lui, ou bien son existence (s'il s'agit d'un produit du sol ou du croit d'un animal) a été amenée par ses soins, son industrie, sa vigilance. Or; le voleur outrage le sentiment du Juste en s'emparant de l'objet, lui qui n'a rien fait pour le produire. Le vol est une insulte au travail, et c'est, le plus souvent, un paresseux, un lâche, un individu dégradé par les vices qui la lui inflige. Le voleur a quelque analogie avec un possesseur d'esclaves : il ne fait rien et il vit aux dépens des autres. Il vit de la substance des autres, pour mieux préciser encore. Oui, de la substance même du travailleur, car gagner sa vie à la sueur de son front n'est point une vaine figure de rhétorique, et celui qui a fait naître des fruits ou fabriqué un meuble, a imprégné son ouvrage de son être même.

Dans les cas très-rares où des malheureux commettent des larcins pour satisfaire leur faim ou subvenir aux besoins les plus urgents de leurs familles, il est certain que la plus grande indulgence leur est due. Mais ces cas ne se produisent presque jamais, ce qui prouve que l'œuvre sainte du travail pourvoit presque toujours aux nécessités de l'homme. Et il est à remarquer que ceux qui commettent des vols ne le font que pour en employer le produit à leurs débauches.

6ᵘ ARTICLE. — *Ingratitude.*

L'homme qui a le cœur bien placé s'empresse toujours d'obliger les autres, gratuitement. Vers sa quarantième année, il s'aperçoit (quelquefois) que personne ne l'a encore obligé d'une façon réellement appréciable. Jusqu'à ce moment, il avait été obligeant par nature, par entraînement, sans arrière-pensée, sans parti-pris, comme le terre-neuve est sauveteur par instinct. Il n'y avait aucun mérite. C'est probablement pour cela que personne ne lui en a su gré. On avait sans doute raison : on ne doit aucune reconnaissance aux plantes salutaires de pousser d'elles-mêmes.

Maintenant il se dit : « Je peux, tout au moins, user de mon droit d'être indifférent et ne pas me mêler des affaires d'autrui. Je me retirerai dans mon fromage. Alors, on entendra les gens, oublieux de mes quarante années d'obligeance, dire quand mon nom sera prononcé, que je suis un fainéant égoïste qui ne me déplacerais pas d'une semelle pour rendre service. Ou bien, qui sait (les hommes sont si plats, parfois) peut-être commencera-t-on à me tresser des couronnes dès que je ne rendrai aucun service. »

*
* *

Ayez le moins de protégés et d'obligés que vous pourrez. C'est le moyen d'avoir moins d'ennemis. Ce n'est pas que tous ceux à qui l'on rend service soient ingrats et haineux, mais une bonne partie d'entre eux sont envieux et ne vous pardonnent pas d'avoir été en situation de leur être utile.

*
* *

Lorsque vous avez rendu service à une personne, si elle se contente de ne pas dire du mal de vous, vous êtes encore son obligé.

*
* *

Un obligé équivaut à cent ennemis.

L'injure est la plus proche voisine de la prière.

7me Article. — *Vanité.*

Jeunes gens, vos parents vous faussent, en général, l'esprit par l'admiration naïve qu'ils professent pour vos mérites vrais ou exagérés. — Ordinairement ils sont exagérés. — Il s'ensuit que, le plus souvent, vous vous croyez appelés aux plus hautes destinées. Ecoutez un conseil : visez haut, soit ; la Société a intérêt à ce que vous visiez très-haut, parce que le niveau intellectuel se hausse d'autant. Mais, tout en visant haut, prenez la ferme résolution de vous contenter d'une condition médiocre et d'en être parfaitement satisfaits. En d'autres termes, songez à une position élevée comme on songe aux chances d'une loterie, mais sans y compter d'une manière absolue.

La générosité s'exerce quelquefois par ostentation et en vue des suffrages de la *galerie*, comme on voit, par exemple, des individus insister, au café, pour payer les consommations lorsqu'il y a plusieurs amis réunis. Les mêmes laissent parfaitement et invariablement régler un ami quand ils sont en tête à tête avec lui.

*
* *

Il faut qu'ils se sentent bien peu de valeur personnelle, ceux qui croient leur importance accrue par l'adjonction d'un emploi public ou d'une fonction élective.

*
* *

Il y a des hommes possédant 200,000 francs de rente qui aspirent avec ardeur à être sénateurs, députés, conseillers généraux et même maires de villages. Ils savent qu'ils en recueilleront beaucoup d'ennuis. Qu'est-ce qui les sollicite? Le désir de briller, la soif de faire parler d'eux. Étrange passion et pourtant bien fréquente !

*
* *

En France, il est de mode de se moquer des Chinois, des Turcs, des Indiens. Pourquoi? Parce qu'ils font certaines choses autrement que nous. Mais, véritablement, il ne suffit pas que l'on fasse autrement que nous pour avoir tort. Peut-être même est-ce en faisant autrement qu'on a le plus souvent raison.

*
* *

La fausse modestie est de la vanité.

S'effacer outre mesure, c'est encore se faire remarquer.

*
* *

On a pu observer mainte fois que lorsqu'une dame est dans la nécessité, pour une cause quelconque, d'ouvrir elle-même la porte à un visiteur, elle balbutie : « Excusez-moi, ma bonne est sortie... » Ces dames craignent sans doute que les visiteurs croient qu'elles n'ont pas de domestique, et leur amour-propre souffre de cette préoccupation. Comme si la valeur et l'importance d'une personne dépendait du fait d'avoir des serviteurs ou de se servir elle-même !

*
* *

Les gens qui méprisent les professions manuelles et en même temps ceux qui les exercent, sont bien méprisables eux-mêmes. Quelles raisons ont-ils de décider qu'un maçon, un menuisier, un forgeron, lorsqu'ils sont honnêtes, ne sont pas aussi honorables qu'un négociant, un officier, un propriétaire, un magistrat ou un rentier ?

*
* *

Souvent l'homme fier se laisse taxer d'avarice

pour ne pas montrer sa gêne, en vertu de ce
principe qu'il vaut mieux être envié que plaint.

*
* *

Il 'y a des gens si vaniteux qu'ils aiment
mieux renoncer à un objet indispensable que de
laisser apercevoir qu'ils se sont privés d'un
plaisir superflu.

*
* *

Certaines personnes, à la fois fières et peu
fortunées, prennent tellement l'habitude de la
dissimulation pour masquer leur gêne, qu'elles
en arrivent à cacher les choses les plus indifférentes à connaître. Alors il se produit un résultat absolument opposé à celui qu'elles pour-
suivaient. On finit par se dire que ces gens ont
probablement à garder des secrets bien compro-
mettants puisqu'ils s'observent ainsi à propos
des objets les plus insignifiants.

8ᵐᵉ Article. — *Ambition mesquine et condamnable.*

Il faut être digne en tous points d'une petite
ville pour ambitionner d'être le premier dans
une petite ville, en dépit du mot de César :
« J'aimerais mieux être le premier dans un village que le second à Rome. »

*
* *

L'homme est si peu de chose sur la terre et la terre est si peu de chose dans l'Univers, que les ambitions humaines sont pitoyables. Ambitieux déçus, consolez-vous en jouissant des plaisirs qui sont à votre portée et en lisant un traité d'astronomie pour vous convaincre que notre planète n'est qu'un grain de sable et que la Postérité se souciera de vous moins que d'un fétu.

* *

C'est un indice d'infériorité intellectuelle que d'aspirer avec frénésie à être ministre. En effet, par leur nature même, ces fonctions sont passagères et on les quitte presque toujours amoindri. Il n'est donc honorable de les désirer que si l'on se propose exclusivement le bien de l'Etat.

* *

L'homme le plus doué de sang-froid, a, par intervalles, des bouffées d'illusions.

* *

Un des grands avantages du philosophe sur les autres hommes, c'est, après avoir aspiré à être un personnage important, de se consoler facilement de ne rien être.

* *

Il y a des hommes en apparence intelligents qui deviennent fous parce que leur désir des grandeurs n'est pas satisfait. Cela prouve que leur intelligence n'était pas aussi complète qu'on le croyait.

Un bon citoyen doit se guérir des tendances ambitieuses, par le raisonnement suivant : avoir des ambitions mesquines, cela n'en vaut pas la peine ; quant à en avoir de grandes, il est donné à bien peu de les satisfaire et encore au prix de grands sacrifices. Enfin, une considération domine ces raisons elles-mêmes : un véritable honnête homme réprouve l'ambition qui ne vise qu'à sa propre satisfaction.

Si les ambitieux réfléchissaient, ils renonceraient à leurs visées en songeant que la puissance à laquelle ils aspirent cessera un jour, par la force des choses, de résider en eux pour passer dans les mains de rivaux. Or, les hommes qui ont une certaine fierté ne peuvent supporter l'idée qu'ils auront fatalement à céder la place à des concurrents, appartinssent-ils au même parti.

En l'entourant d'un appareil formidable, en

s'attachant la Magistrature, l'Armée, etc., par des largesses et des faveurs, en corrompant le Peuple par le relâchement des mœurs, par les spectacles et par la diffusion des plaisirs énervants, les ambitieux parvenus au Pouvoir retardent les progrès de la civilisation et l'avénement d'une liberté féconde.

La faveur populaire appartiendra pendant un certain temps encore aux citoyens qui s'agitent le plus. Mais la plupart d'entre eux (l'ignorant et le plus inexpérimenté comme le plus instruit et le plus rompu aux affaires) travailleront toujours dans l'intérêt de leur renommée ou de leur fortune, avant de s'occuper sans arrière-pensée de la prospérité publique. C'est pourtant de leur part un calcul peu habile. En effet, la reconnaissance de la population, même dans l'Etat actuel de nos mœurs politiques, est plus durable envers le citoyen qui se montre vraiment désintéressé à tous les points de vue.

9ᵐᵉ ARTICLE. — *Envie.*

Une des plaies de notre époque est l'Envie. Heureux les hommes qui en sont exempts ! Ceux qui ont ce bonheur, possèdent, à ce point de vue, une véritable supériorité sur les autres, car c'est un réel avantage que de n'avoir pas à compter avec la plus vile et la plus tenace des passions. L'Envie est la plus grande ennemie du Progrès. En effet, pourquoi, par exemple, arrive-t-il souvent qu'un homme très-peu méritant, à tous les titres, obtient un mandat électif? C'est que certains électeurs, assez influents pour préparer l'élection d'un autre, mais pas assez pour se porter eux-mêmes candidats, aiment mieux faire nommer un individu inepte que de laisser arriver un de leurs camarades ayant quelque valeur.

*
* *

L'Envie est l'indice d'une atrophie de l'intelligence.

L'Envie est une difformité du cœur et de l'esprit.

L'Envie est à la fois la preuve d'un cœur pervers, d'un cerveau détraqué, d'un esprit maladroit.

*
* *

L'Envie est une passion d'autant plus odieuse qu'elle se déchaîne même contre les personnes dont l'envieux n'a rien à redouter. L'envieux nuit comme le tigre tue, sans besoin et pour la satisfaction monstrueuse de porter tort. Et il frappe souvent sans se montrer, en sorte que l'on ignore d'où viennent les coups. Dans ce cas, l'envie est d'autant plus inexplicable qu'elle n'a pas pour acolyte le sauvage plaisir d'insulter à la victime et de lui faire savoir qui la frappe.

**

S'imaginer que rendre justice au mérite des autres c'est nuire au sien propre, révèle un esprit mesquin et maladroit. Les personnes, au contraire, qui décernent des éloges aux qualités d'autrui, voient apprécier les leurs davantage, car elles s'attirent les hommages de ceux dont elles ont fait ressortir la valeur. Il va sans dire que cette considération ne doit pas conduire à transiger avec la conscience et donner l'inspiration condamnable de louer des gens qui n'en sont pas dignes.

**

L'Envie n'est pas seulement une passion odieuse ; c'est encore une passion sotte, car celui qui conteste méchamment les mérites d'autrui s'expose à voir contester les siens.

**

L'homme impartial doit toujours accueillir avec réserve le mal qu'on dit d'autrui et pencher plutôt vers la négative.

**

Les envieux sont lâches. Aussi l'honnête homme qui a du talent ne doit pas se préoccuper de leurs mauvaises dispositions. Il n'a qu'à s'affirmer résolûment. Aussitôt, il verra ceux qui le haïssent secrètement faire ostensiblement son éloge.

*
* *

Souvent l'Envie est un effet de l'Ignorance. Aussi voyons-nous quelquefois, dans les grandes villes, le pauvre faire un geste de colère en voyant passer un convoi funèbre très-nombreux, s'imaginant que la foule suit le cercueil parce que c'est celui d'un riche. En cela il peut se tromper. Parfois, c'est le cortège funéraire d'un pauvre comme lui qui a conquis de nombreuses sympathies et qui, quoique peu fortuné, s'est efforcé de soulager l'indigence dans la mesure de ses moyens. Fortune et misère, voilà la sombre antithèse qui hante constamment les malheureux. Il faut les préparer à recevoir d'autres idées qui leur rendront la vie supportable, et leur enseigner qu'ils ont des frères, en apparence plus favorisés du sort, qui consacrent leurs veilles et une partie de leur avoir à poursuivre l'amélioration de la condition des deshérités.

*
* *

Si en politique et en toute matière, les hommes

étaient résolus à suivre , sans envie et sans arrière-pensée , les avis de ceux d'entre eux qui
n'ont en vue que l'intérêt général , les progrès
de toute nature s'accompliraient avec une prompti-
tude et une facilité merveilleuses. Mais quiconque
est sur le point d'exercer une influence salutaire
se trouve immédiatement en butte à une oppo-
sition systématique. Il semble que la jalousie
suscite toutes les médiocrités, toutes les nullités,
pour s'opposer à toute œuvre féconde. Et le niveau de l'ignorance s'abat sur toute chose.

10me Article. — *Haine.*

Les jeunes gens sont, en général, portés, par
nature, à la bonté et à l'obligeance. Mais si l'on
est injuste à leur égard , la générosité de leur
caractère se révolte et ils se sentent disposés ,
sur le moment , à pulvériser leurs détracteurs.
Puis , un instant après , il n'y songent plus. La
Haine, la Rancune même et jusqu'au simple res-
sentiment, sont des passions qu'ils ne peuvent
entretenir. On serait tenté de croire que c'est là
un vice d'organisation psychique inhérent au
jeune âge, puisque la plupart des hommes parvenus à l'âge mûr paraissent avoir la force de
haïr.

Une des raisons qui semblent expliquer l'absence de la haine dans le cœur des jeunes gens,

c'est quelle est, le plus souvent, escortée pa
la lâcheté.

La haine est, le plus souvent, faite de peur.

Il est une haine dont rien ne peut préserver :
c'est celle des amis que l'on a été impuissant à
obliger.

On blâme la personne qui se réjouit de la mort
de son ennemi. Cependant il faut être logique :
si vous avez eu un sujet d'animadversion contre
tel individu, si vous lui avez souhaité tout le mal
possible durant sa vie, pourquoi la Société, qui.
jusque-là, n'y avait pas trouvé à redire, vous
reproche-t-elle maintenant de vous réjouir de sa
mort? Que la Société flétrisse la haine en tout
temps, elle aura raison et elle sera conséquente
avec elle-même. Il est certain qu'il serait plus
chevaleresque de pratiquer, à cette heure so-
lennelle, le pardon des injures. Mais on ne saurait
exiger de l'Humanité que ce qu'elle peut donner.

De même, lorsqu'un homme voit son ennemi
conduire sa femme ou son enfant au cimetière,
ou bien lorsqu'il le sait frappé de tout autre
malheur cruel, la haine devrait s'éloigner de son

cœur. Exposés aux plus grandes infortunes, il serait non seulement humain mais logique, de nous apitoyer sur les chagrins de nos semblables, quels qu'ils fussent.

*
* *

L'homme ne devrait pas avoir assez des vingt-quatre heures de la journée pour cultiver l'amitié. Il est donc bien insensé d'en employer une partie à entretenir des haines.

*
* *

Souvent, quand on est jeune, on n'hésite pas à se faire des ennemis pour le bon plaisir d'un tel ou d'un tel qui en retire un profit, s'il y a lieu. C'est une naïveté dont il faut se départir. Les occasions sont assez nombreuses de s'attirer des rancunes pour son propre compte, sans s'amuser à s'en attirer gratuitement pour le compte d'autrui. Si l'honneur ou la fortune d'un ami en dépendaient, ce serait différent.

*
* *

Les Arabes, qui sont réputés barbares, considèrent comme sacrée la personne qui a partagé avec eux le pain et le sel. Et nous voyons tous les jours des hommes soi-disant civilisés, qui se traitaient d'amis la veille, se vouer brusquement une haine impérissable, par la raison que la mairie de leur village est devenue vacante et qu'ils y aspirent, l'un et l'autre. La possession de l'empire de l'Univers ne les diviserait pas davantage.

*
* *

Il est dans l'ordre, étant donné la malice humaine, d'avoir pour ennemis les personnes professant d'autres opinions que nous ; mais rien n'est plus douloureux que de se voir en butte à la haine de ceux dont on partage les convictions. C'est, le plus souvent, chez ces derniers, le fruit de l'Envie ou d'une suspicion sauvage que rien ne justifie.

*
* *

L'homme le plus intelligent, le plus probe, le plus loyal, subit la destinée commune : il ne peut éviter d'avoir des ennemis. Ce sont les imbéciles, les coquins, les envieux, les ingrats. Et c'est précisément parce qu'il a de l'intelligence, de la probité, de la loyauté, que ces sortes de gens le haïssent.

11me Article. — *Malveillance.*

La malveillance est un signe d'infériorité intellectuelle.

*
* *

On prend quelquefois l'habitude, de médire ou de calomnier, par légèreté, par amour du bavardage , sans avoir conscience de la gravité des propos que l'on tient. Et il est des personnes qui font beaucoup de peine à d'autres sans se croire méchantes pour cela. Lorsqu'on leur montre le mal qu'elles ont causé, elles sont plus surprises que tout le monde. Beaucoup de femmes appartiennent à cette catégorie d'êtres malfaisants sans le savoir.

*
* *

Ne cherchez pas à savoir ce qu'on dit de vous par derrière. Neuf fois sur dix c'est du mal.

*
* *

Les gens qui ont le plus besoin d'indulgence sont précisément ceux qui se montrent les plus malveillants pour autrui.

*
* *

Un des signes auxquels ont reconnaît le faiseur de dupes, c'est à la facilité avec laquelle il traite, par derrière , les autres d'avares ou de gredins.

*
* *

La Médisance réjouit plus le méchant, que la Calomnie , car , par la Médisance , il trouve l'odieuse satisfaction de flétrir autrui avec vérité, tandis que la Calomnie lui laisse le secret dépit de reconnaître que son ennemi a l'avantage de la vertu.

12mo ARTICLE. — *Duplicité*.

Le mensonge est une lâcheté. Quand on ment, c'est qu'on a peur de quelqu'un.

*

Il n'existe qu'un seul cas où il soit permis de mentir : c'est lorsqu'on a l'indiscrétion de vous demander l'âge de votre femme. Ceci a plus d'importance qu'il ne semble, au premier abord, eu égard aux principes, bizarres peut-être mais certains, de notre civilité moderne.

*

Nul homme n'est méprisable et ridicule comme celui qui affecte de faire l'éloge d'une personne devant elle et qui la dessert par derrière. Il commet une mauvaise action et la pire des sottises. Cette conduite prouve qu'il manque de loyauté, de courage et d'esprit, car, de nos jours, rien ne demeure secret et l'hypocrite arrive à être méprisé par la personne à laquelle il cherchait à nuire et par celles près desquelles il la desservait.

*

Parmi les nombreuses manières de juger la valeur morale des individus, il y a celle-ci : vous avez été lié d'amitié avec un tel ; vous lui avez même rendu quelques bons offices ; il devient un petit personnage ; les circonstances, des revers de fortune, la nécessité enfin vous amènent à lui demander pour vous un petit emploi ; il n'y a plus personne. Au lieu des : « très-cher, cher ami, excellent ami », qui émaillaient ses lettres d'autrefois, le personnage officiel ou quasi-officiel vous écrit un « Monsieur » tout sec. Et il termine par l'assurance de sa considération qu'il croit distinguée. Il est arrivé même que des hommes de cette importance ont répondu aux manants qui osaient leur écrire jusqu'à trois fois, des choses qu'ils cherchaient à rendre blessantes.

**

Le savoir-faire de nombreux fonctionnaires, consiste à s'observer, à se composer, à dissimuler. Ce savoir-faire, convenons-en, ne nécessite pas beaucoup de génie ; mais il demande beaucoup de duplicité et tout le monde ne se plie pas à cette exigence.

13me Article. — *Servilité*.

Les flatteurs sont des gens qui, par intérêt

ou par bassesse naturelle, vous louent sans cesse et sans mesure. Leur dignité, qui n'existe pas, ne saurait les avertir que la louange a des limites, même lorsqu'elle est méritée.

* *

L'espèce humaine est si accessible à la flatterie, que les plus sceptiques sont sensibles aux compliments, même quand ils savent parfaitement que seul un usage banal les inspire.

* *

On ne doit flatter que les morts, encore lorsqu'ils le méritent.

* *

Les applaudissements tendent à devenir un usage dans toute réunion où l'on prend la parole. Il finissent par n'être qu'une formalité banale ; en sorte que les orateurs seraient déroutés et ne sauraient pas s'ils ont réellement plu. Mais la vanité leur persuade aisément que les applaudissements sont sincères.

* *

Chaque homme, tout en se faisant illusion sur ses mérites, connaît cependant suffisamment ses travers et ses imperfections pour qu'il dût être un peu confus, dans le fond, des louanges que parfois il reçoit. Mais il paraît que les personnes qui sont l'objet d'adulations s'y habituent promptement et ne tardent pas à regarder comme justes les hommages dont on les entoure.

***

Lorsque vous publiez un ouvrage, parmi les personnes auxquelles vous en offrez des exemplaires à titre gracieux, il s'en trouve qui vous adressent des éloges dithyrambiques. Si ces éloges ne sont pas mérités, il se produit un double résultat : votre ouvrage n'en est pas rehaussé et vos louangeurs en sont rabaissés.

14ᵐᵉ ARTICLE. — *Colère.*

Les moralistes recommandent de modérer sa colère. Ce précepte exige des éclaircissements. La colère est un mouvement irréfléchi et violent. Pendant sa durée, il n'est pas admissible qu'on le modère, car si l'on possède assez d'empire sur soi-même pour le modérer, on doit nécessairement en posséder assez pour le réprimer complétement. Il faut donc entendre le conseil des philosophes en ce sens qu'après les accès de colère, on doit rentrer en soi-même et prendre la résolution d'éviter le plus possible les occasions de s'irriter.

*
* *

Lorsqu'on s'emporte contre une personne, il serait à souhaiter que l'on conservât assez de présence d'esprit pour se demander si la colère que l'on ressent est bien justifiée ou si l'on n'est pas poussé inconsciemment à se venger sur un tiers de mécomptes éprouvés par ailleurs. Ce rapide examen n'est pas plus difficile que la récitation de l'alphabet grec recommandée par un philosophe de l'antiquité. Mais, en fait, l'un est aussi impossible que l'autre.

15ᵐᵉ Article — *Jeu.*

On ne saurait être trop partisan de toutes les libertés. Mais il ne faut pas se tromper sur le sens du mot liberté. Ce n'est pas, par exemple, une liberté que la latitude qui est laissée aux hommes de porter atteinte au droit naturel. Le droit naturel commande à l'homme de vivre de son travail. Or, la liberté de jouer porte atteinte à ce principe primordial. Le jeu est le plus grand de tous les agents de corruption. La passion du jeu contient en germe tous les vices et jette la perturbation dans le corps social, car elle enlève à l'argent son vrai caractère qui est la représentation du travail accompli.

*
* *

Le seul bénéfice sain et sûr est celui que l'on retire de son travail. C'est un bonheur pour l'Humanité qu'il en soit ainsi, car, différemment, le jeu corromprait tout.

*
* *

Quelquefois on lit dans les journaux de pompeuses annonces où il est dit que l'on quintuple infailliblement son capital dans l'espace d'une année , si l'on se livre à certaines spéculations. C'est un mensonge impudent. Ceux qui ont essayé, y ont englouti le fruit de leurs épargnes. Qu'on ne tente pas l'aventure. L'expérience a été faite par des personnes dignes de foi. Qu'on ne se laisse pas séduire par le charlatanisme.

*
* *

Appeler exclusivement « dettes d'honneur » les dettes de jeu, c'est faire outrage à la loi qui ne les reconnait pas. Est-ce que, par hasard, les toutes dettes ne sont pas des dettes d'honneur ?

TROISIÈME ENTRETIEN

DE L'AMOUR ET DES FEMMES

AVERTISSEMENT

Il y a tant d'incertain, d'indéfini, d'imprévu dans la nature de la femme, que rien de ce que nous allons en dire ne doit être considéré comme absolu. Nous présentons une série de réflexions basées sur de nombreuses observations. Nous nous abstenons scrupuleusement de dégager des lois. Il a pu parfaitement se rencontrer que, par un singulier hasard, nos remarques n'aient porté précisément que sur des exceptions. Et la galanterie nous commande de penser qu'il en est positivement ainsi pour tous les cas où nos conclusions sont, malgré notre meilleure volonté, défavorables au sexe charmant.

§ 1. — DE L'AMOUR PHYSIQUE

On s'explique très-bien que les anciens n'aient pas mis la femme sur le même pied qu'eux. Si, comme c'est possible, la femme était, à cette époque, sauf de très-rares exceptions, un être non ouvert aux appétits sexuels, l'homme avait un goût médiocre pour cet être qui ne partageait pas ses voluptés. Il s'en servait alors comme d'un instrument de plaisir et le reléguait, une fois satisfait, loin de sa personne, jusqu'à ce qu'un nouveau caprice lui inspirât le désir de s'en rapprocher. Dans sa rigoureuse économie, la nature n'a pas besoin, pour la perpétuité des espèces, que l'être femelle ressente les mêmes impressions physiques que l'être mâle. Celui-ci est chargé par elle de la fonction de féconder et il est organisé pour y trouver un agrément. Aussi est-ce à lui de le rechercher. Il a, de plus, la force qui lui permet de soumetttre à son désir l'objet poursuivi. La nature n'en exige pas davantage. Et il avait raison, en principe, le proverbe qui disait : l'homme est fait pour chercher, la femme pour se défendre.

Mais, insensiblement, la civilisation s'est ingéniée de jour en jour à procurer au genre humain le plus de jouissances possible, a raffiné l'homme, le sujet mâle, et l'a rendu agréable à la femme qu'elle modifiait, de son côté, de façon à sensibiliser ses organes.

De là est né l'amour. Ce qui existait auparavant n'était que l'accouplement plus ou moins brutal, plus ou moins consenti.

Les anciens, en général, ne traitaient pas les femmes en compagnes mais en esclaves. Cela tient peut-être à ce qu'ils n'avaient pas favorisé en elles le développement de l'amour, soit par ignorance, soit par maladresse, soit en négligeant de soigner leur propre personne de façon à la rendre plus attrayante. Il est certain, ces hypothèses étant admises, que la femme ne répondant pas aux caresses, aux transports de l'homme, celui-ci ne l'a considérée que comme un instrument de volupté apte à procurer le plaisir non à le partager. Aussi ne s'est-il souvent pas plus préoccupé d'elle que d'un objet quelconque, remisé dans un endroit retiré après avoir fait son office.

À notre époque, il n'en est plus ainsi. La femme associée à toutes nos joies et à toutes nos peines, a vu s'éveiller la sensibilité de sa nature. Elle est notre amie, notre associée en tout, notre second nous-même. Bien plus, fort souvent elle est le cœur qui sent, la tête qui combine, la volonté qui dirige.

La conduite des anciens s'explique si, d'une manière générale, les femmes de l'antiquité ne présentaient d'autres attraits que leurs charmes physiques, se livrant passivement aux sens de ceux qui étaient leurs maîtres plutôt que leurs époux; si elles ne partageaient pas, physiquement, les sensations qu'elles procuraient; si, à un point de vue plus élevé, elles ne ressentaient aucune affection pour leurs maris ou leurs amants. Mais, dans ce dernier cas, n'aurait-on pas le droit de reprocher aux hommes d'avoir trop longtemps négligé de former le cœur de la femme. C'est là, toutefois, une question délicate à trancher, car, pour juger les anciens, il faudrait avoir vécu de leur temps; et ceux qui les défendent ont le droit de soutenir que le cœur de la femme était un diamant enfoui dans sa gangue et dont personne ne soupçonnait l'incomparable valeur. Qui donc a révélé la femme?... Elle-même. C'est la Grèce qui a eu la félicité d'assister à cette révélation. Phryné, Laïs, Aspasie, qu'il faut bien se garder de considérer comme représentées par les femmes galantes de notre époque, furent des premières à placer leur sexe sur le piédestal auquel il a tant de droits. Sapho, joignant le génie de la poésie aux talents que possédaient celles qui viennent d'être nommées, et ne leur cédant ni en grâce ni en beauté, paraît l'emporter sur elles toutes par les sentiments. Ce jugement doit être certainement maintenu, si l'on admet comme véritable la tradition qui la montre se précipitant du haut du rocher de Leucade, désespérée de l'abandon de Phaon, son amant.

**

Les personnes qui se vantent de n'avoir jamais un désir sensuel font l'effet de gens qui voudraient qu'on leur trouvât du mérite à n'avoir pas d'appétit.

**

La maîtresse que l'on regrette le plus est celle qui vous a quitté. — Il y a là, peut-être, plus d'amour-propre que d'amour.

**

En amour, quand on ne procure plus de plaisir, il ne faut plus en exiger. Dans cette situation, les jouissances qu'on achète avec de l'argent sont les seules à rechercher, si l'on n'a pas assez d'empire sur soi-même pour vivre désormais avec sagesse et continence.

**

Les femmes galantes vous disent, quand vous êtes jeunes : « nous n'aimons pas les vieux »; et quand vous êtes vieux : « nous aimons *les gens sérieux.* »

**

Les hommes arrivés à l'âge viril sont plus agréables pour les femmes que les adolescents qui ont toujours des désirs indiscrets de passereau et ensuite des lassitudes de coursier satisfait.

.·.

Ce livre n'est pas écrit pour défendre en toute occasion la Société, mais pour enregistrer ce qui s'y passe. La plus ignoble des conduites est de tolérer les désordres de sa femme, afin d'être plus libre ou même d'en recueillir un bénéfice. « J'en sçais, dit Montaigne, qui à leur escient, ont tiré et proufit et advancement du cocuage, de quoy le seul nom effroye tant de gents. » (*Essais, livre I., ch. XL*).

.·.

Rechercher la femme n'est pas honteux en soi ; la nature le commande ; mais cette loi a quelque chose d'humiliant pour la puissance de l'homme.

.·.

La lubricité est une honte parce qu'elle est un signe de faiblesse. L'homme recherche la femme sous l'influence d'un besoin impérieux de la nature, qui lui enlève parfois une partie de sa raison. C'est peut-être pour ce motif qu'on rencontre plus de femmes effrontément impudiques que d'hommes. En effet, la lubricité de

la femme attire l'homme et chez elle c'est une
véritable force.

On dit quelquefois en parlant d'une femme :
« elle a des traits voluptueux. » Ses traits peuvent inspirer la volupté, mais ils n'indiquent
pas nécessairement que la personne est volup-
tueuse.

Les jeunes gens ont parfois un caprice violent qui les empêche de se livrer à des occupations sérieuses et suivies ; s'ils arrivent à le
satisfaire, le calme renaît dans leur esprit. Ils
prenaient peut-être ce caprice pour une passion.
S'ils ont la faiblesse de lui céder, ils s'aperçoivent que ce n'était qu'une fantaisie passagère.
Cette expérience doit leur être utile, dans la
suite, parce qu'ils sont dorénavant armés pour
résister aux tentations du même genre. En se
souvenant qu'ils n'en ont retiré qu'une médiocre
jouissance, ils triompheront plus facilement de
leurs désirs.

Si l'on avait assez de force de caractère pour
se représenter, au moment de goûter certains
plaisirs, la lassitude qui les suit, on ne s'y livre-

rait jamais. « Les meilleures amours sont celles qui ne sont jamais cueillies et qui restent inachevées comme une fleur de printemps qui ne serait jamais devenue fruit. » (Jules CLARETIE, *Monsieur le Ministre*.)

* *

Il faut repousser la communauté des femmes. L'union des sexes repose sur le libre choix des individus. Soumettre la femme à recevoir tout homme qui se présente à elle, c'est la réduire au plus odieux et au plus répugnant esclavage. Admettons le divorce, admettons la polygamie, admettons les relations passagères tour-à-tour reprises et abandonnées, admettons tout ce qu'on voudra. Mais n'admettons pas que la femme soit une sorte d'objet banal, une *res nullius* qui appartienne bon gré mal gré au premier occupant.

Décréter la communauté des femmes, ce serait consacrer légalement l'impunité du viol.

* *

Les hommes qui aiment « les femmes » n'ont jamais aimé une femme et n'ont surtout jamais été aimés par une femme. Ils confondent la lubricité avec l'amour.

* *

La nécessité où nous sommes de mesurer le

temps, nous fait commettre parfois de grossières erreurs. Ainsi, il est admis qu'une femme de quarante ans passés qui s'abandonne à l'amour est ridicule et presque... — soyons plus galants que le préjugé. — Comme s'il n'y avait pas des femmes beaucoup mieux conservées à quarante ans que d'autres à vingt-cinq ! Est-ce que la nature, dans ses gracieux caprices, suit le calcul méthodique des astronomes ? A ses yeux, que signifie la supputation des années ?... Tantôt il lui convient de hâter la décrépitude des êtres, tantôt elle se plait à suspendre en leur faveur les ravages du temps. On est ce qu'on est et non ce que la règle imposée démontre que l'on devrait être.

Oh ! n'insultez jamais une femme qui tombe.

(Victor Hugo.)

Il n'est pas généreux, de la part des hommes, de critiquer les femmes qui s'abandonnent à une vie relâchée. Si cette conduite est bonne, si elle est mauvaise, au point de vue de la morale absolue, cette question mériterait d'être examinée soigneusement ; mais ce n'est pas ici le lieu. Élevons-nous, dans tous les cas, contre l'attitude étrange et lâche de ceux-là même qui, profitant des faveurs de la femme, se permettent de la clouer au pilori. C'est déjà trop que les femmes se déchirent entre elles, inconscientes qu'elles sont, en général, de la solidarité.

**

L'homme est souvent injuste, ingrat et niais. Si une femme n'est pas très-passionnée, il la déclare froide. Et si elle est passionnée, il la proclame dédaigneusement hystérique.

**

L'homme qui se vante, de sang-froid, d'avoir obtenu les faveurs d'une femme qui tient à cacher cette faiblesse, mérite le mépris des honnêtes gens. Mais le plus loyal est exposé à se trouver dans des circonstances où il n'est plus maître de sa langue. Dans un dîner d'amis, l'entraînement des conversations, des confidences réciproques, les vapeurs capiteuses du champagne, surtout quand on a des habitudes de sobriété, sont autant de causes qni peuvent, à un moment donné, faire oublier la discrétion. Ce manque de réserve est toujours extrêmement regrettable et provoque chez celui qui s'en est rendu coupable d'impérissables remords. Cependant, lorsqu'il a commis cette faute, il est excusable, puisque sa responsabilité morale se trouvait suspendue. C'est à une situation de ce genre que M. Zola fait allusion quand il dit :

« ..... une de ces confidences brutales que les hommes les plus distingués laissent échapper à certains moments. » (*Nana*, p. 73.) Nous ne sommes pas fanatiques de M. Zola, mais nous n'en sommes pas systématiquement les adversaires, et nous n'éprouvons aucune répugnance à lui emprunter une citation lorsqu'elle nous convient.

§ 2. — DE L'AMOUR IDÉAL

Tout le monde sait ce que c'est qu'aimer. Bien peu savent ce que c'est qu'être aimé.

*

Il est extrêmement difficile de connaître les femmes. Ce n'est point que toutes soient dissimulées de propos délibéré. Cela tient à ce qu'elles ne se connaissent pas elles-mêmes. Il se rencontre, en effet, tant d'imprévu dans les manifestations quotidiennes de leur sensibilité ou de leur intelligence, qu'elles sont impuissantes à se former une opinion constante sur leur propre nature.

*

Il faut que l'être qui aime (soit l'homme, soit la femme) ait le talent de faire croire tout d'abord à la personne aimée qu'il est le plus parfait du monde. Cette première impression est ineffaçable et une fois qu'on l'a produite, on peut impunément montrer ses imperfections. Elles ne seront pas remarquées ou bien elles apparaîtront comme des qualités.

* *

Un homme et une femme qui s'aiment et se comprennent parfaitement, forment comme un seul être qui posséderait la précieuse faculté de s'intéresser en conférant avec lui-même.

* *

Un romancier dont la réputation, née d'hier, grandit avec une rapidité merveilleuse, George de Peyrebrune, dépeint ainsi l'homme qui aime d'un amour en quelque sorte supra-sensible :

« Toute femme qui passe est un morceau de son idéal. Le charme féminin l'attendrit, l'entraîne. Il ouvre tout de suite ses bras et son cœur, avec des yeux mouillés, des élans de passion qui amènent sur ses lèvres toute une envolée d'esquises prières d'amour.

» Ce n'est pas un sensuel : ses voluptés sont délicates. La femme est pour lui comme un bouquet magnifique composé de toutes les fleurs écloses sous le soleil ; il les respire toutes jusqu'à l'enivrement. » (*Les Femmes qui tombent*).

* *

L'absence rend le retour plus doux et le rapprochement plus intime.

* *

Il serait peut-être à désirer que la loi interdît aux femmes de posséder quoi que ce fût. Ce ne serait pas pour les rabaisser, mais, au contraire, pour les rehausser, car alors les femmes seraient épousées pour elles-mêmes et non pour leur fortune. Mais cette théorie, il faut en convenir, serait bien difficile à mettre en pratique. En effet, il faudrait d'abord que toutes les nations l'adoptassent, attendu que si elles ne le faisaient pas, les filles des pays où ladite théorie serait appliquée, trouveraient rarement à se marier parce que les jeunes gens iraient chercher leurs femmes dans les autres contrées. Puis les filles laides ne se marieraient nulle part.

* *

L'amour ne réside pas dans la personne qui aime. Il réside dans la personne aimée.

L'amour est comme le calorique : il rayonne. Aussi la personne passionnément aimée peut-elle parfaitement ignorer le sentiment qu'elle inspire, de même que le soleil ignore à quel degré il échauffe un objet. A ce sujet, nous croyons devoir citer un passage des œuvres encore inédites d'un écrivain remarquable qui s'obstine à priver le public lettré de ses productions à la fois vigoureuses et charmantes. Comme nous ne lui demandons pas la permission de faire cette citation, dans la crainte d'éprouver un refus, nous ne prions pas cet éminent confrère de corriger quelques légères négligences de style échappées à l'improvisation ; d'un autre côté, nous nous abstenons scrupuleusement de toucher au texte afin de n'en point altérer la puissante originalité :

« O mort ! ce n'est pas quand je tomberai sous ta faulx que je mourrai. Non ! c'est maintenant que je meurs, car pour moi, c'est la mort, c'est le premier contact de l'inexorable vieillesse ! ! ! »

» Ah ! pourquoi Dieu a-t-il créé l'amour ?

» L'amour, ce sont deux types, deux engins distincts, séparés, différant à l'excès l'un de l'autre, fonctionnant fatalement, aveuglément, ensemble pour un même but, comme un seul mécanisme, soit l'hermaphroditisme ou mieux ?

» L'amour, c'est la nécessité et le besoin inévitables qui poussent et traînent les sexes l'un vers l'autre... L'amour, c'est l'appétit de la femelle tendant à s'absorber dans le mâle ; c'est la soif ardente du mâle cherchant à dévorer, absorber la femelle ; et cela en tout temps, envers et con-

.tre tout obstacle... Tel est l'amour dans sa manifestation générale terrestre et dans l'exercice aveugle des corps. — Mais en dehors de ce congrès d'ensemble et pour quelques êtres anomaliques qui possèdent plus ou moins, et à part du sexe, un de ces vagues éléments de vie extra-terrestre qu'on appelle une âme, pour ces êtres d'exception, surtout, qui se débattent inconsciemment et perpétuellement sous l'effort d'une âme d'élite, pour ceux-là, l'amour participant à peine de la matière, devient ce mystère enivrant et divin qu'on appelle le charme. Le charme, c'est la plus grande des forces que puisse présenter le phénomène humanitaire ; et, en considérant, à part, le charme chez la femme, on reste confondu par la puissance illimitée, irrésistible, qu'à certaines conditions voulues, il exerce sur l'homme.

» Voici une jeune fille, faible corps, vacillante réalité, au fond tellement débile qu'il semble qu'elle soit inconsistante, flottante, presque éthérée. Soit; mais qu'un certain homme vienne à passer à portée, et cette même jeune fille, sans le vouloir, sans projet, sans effort, sans lutte, même souvent malgré elle, a, de sa propre effluve, lancé sur le sujet un rayonnement d'une telle puissance que celui-ci en est soudainement pénétré, ébranlé, décomposé, transformé. — Oh ! qu'en tels cas, le masque du corps couve, dé-

guise, sauve de ravages et de désordres latents.
Oui, l'homme, ce dépositaire titré de la force
musculaire, qui tient du tigre par la souplesse et
la force, qui tient du cheval par l'énergie, qui
tient du taureau, de l'éléphant, par la résistance,
l'homme, en ce cas précité, est frappé, terrassé,
dissout, à premier jet, par le simple effet fluidi-
que de la jeune fille... Les anciens, avec une fine
raison, avaient résumé, imagé ce phénomène,
dans Hercule filant à la quenouille aux pieds
d'Omphale. Donc, si l'amour élevé est le charme,
et si le charme est l'action irrésistible par excellence, il faut admettre que l'amour, le charme,
sont une même abstraction, laquelle est une
harmonie, laquelle émane du Nombre, soit de la
mathématique éternelle qui comporte toutes les
lois de l'univers... Que peuvent, que pourraient
contre ces lois les forces musculaires? Que peuvent contre elles la pensée et la raison, qui sont
la force relative de l'âme de l'homme? Evi-
demment rien, en fait, et la preuve en est dans
ce qui nous entoure et dans ce qu'une fois, au
moins, dans la vie, nous éprouvons plus ou
moins nous-mêmes.

« A chaque aube de chacun des jours de mon
orageuse existence, après un sommeil presque
négatif, j'ai entendu la calamité sonner la diane
de la lutte en me criant : « Soldat, aux armes ! »
Et j'ai avancé, j'ai vécu, je me suis combiné,

développé, composé dans ce rude et désolant exercice du combat incessant à outrance. Mon âme s'y est durcie, bronzée au point d'y contracter une cuirasse qui semblait défier bien des assauts, bien des traits. Par cela, détourné des douceurs de la voie commune, j'ai bien souvent été porté à rire des chutes des hommes fléchissant sous les atteintes des vulgaires amours. Oui, je l'avoue sans honte, parce que c'est naïvement, téméraire et confiant en ma rudesse, j'ai bien souvent ri de l'amour. C'est que, jusqu'à ce temps, la femme ne m'avait influencé que de corps à corps, rien de plus. Mais le jour où tout paisible et fier de ma quiétude, j'ai senti un rayon de force subtile me traverser l'âme, me piquer au point le plus vif du cœur, de mon cœur si plein de défi et de quiétude, en ce moment même, je suis tombé terrassé, tout confus de moi-même, et je me suis écrié : « Faux Titan, tu es vaincu ! »

Voici quelques lignes pleines de vérité que nous avons trouvées dans nos extraits et dont nous avons eu le tort de ne pas indiquer l'auteur :

« Pourquoi les femmes que nous aimons à dix-huit ans ne savent-elles pas mieux lire au-dedans de nous ? Pourquoi ne devinent-elles pas les trésors d'adoration candide et fervente qui gisent comme un or vierge au fond d'un cœur s'ouvrant à l'amour pour la première fois ? Si elles se doutaient des parfums de tendresse et de passion que recèle cette fleur de jeunesse encore en bouton, comme elles entr'ouvriraient d'elles-mêmes les pétales, timidement repliés, comme elles aideraient à cet épanouissement dont l'ivresse les paierait au centuple de leur peine ! Elles le reconnaissent plus tard, quand elles sont vieilles : elles songent alors avec un regret mélancolique et tardif à cette heure exquise et brève où l'amour désintéressé s'offrait à elles et où elles l'ont laissé se faner sur la branche sans jouir de ce parfum qui s'évapore si vite et qu'on ne retrouve plus. »

*
* *

Tous les hommes voudraient être aimés pour eux-mêmes. C'est un peu ambitieux, car les femmes qui ont la beauté, la grâce, l'amabilité sont plutôt aimées pour le plaisir qu'elles procurent que pour elles-mêmes. La satisfaction des sens, la vanité, l'agrément de la conversation, tels sont les principaux objets qui font rechercher les femmes. Il faut nous l'avouer, ce n'est pas dans l'Amour qu'on aime une personne pour elle-même, ce n'est réellement que dans l'Amitié. Lorsqu'après avoir été l'amant d'une femme, on a la faveur extrêmement rare de demeurer son ami, il n'y a rien de plus délicieux dans la vie.

§ 3. — POURQUOI ET COMMENT LES FEMMES AIMENT

Nous ne connaissons pas les idées réelles de la femme sur l'amour. On a dit : « Les lui demander serait presque immoral. » Il s'agit bien de ces scrupules mesquins ! Il manque à notre philosophie et à notre littérature des révélations importantes. Que quelqu'un se donne ce mérite et recueille cette gloire. Balzac, avec son génie, a deviné bien des choses ; il lui a été raconté par des femmes bien d'autres choses qu'il n'aurait pas devinées ; mais toutes les femmes semblent s'être entendues, sous l'influence d'un sot préjugé social ou d'une pudeur niaise, pour lui taire certains sentiments intimes et la plupart des impressions physiques qu'elles éprouvent en amour. On vient d'écrire « pudeur niaise. » Les lectrices daigneront être indulgentes, Daniel Stern (Madame d'Agoult) a dit de la pudeur : «... cette grâce de la chasteté qui donnait à l'amour chez les modernes des délicatesses inconnues aux anciens, s'est rapidement altérée en s'exagérant dans les âmes féminines, où elle est devenue un sentiment presque dégradant : le sentiment de la honte dans l'amour. »

*
* *

Une des causes qui rendent les femmes accessibles à l'amour, c'est qu'elles n'ont pas d'amitié les unes pour les autres et qu'il faut qu'elles vouent à quelqu'un ce fond d'affection qui se trouve dans le cœur de tout être humain.

*
* *

On se demande parfois comment il se fait que les femmes aiment les hommes qui sont, en général, laids, souvent malpropres, et toujours pleins de défauts. C'est peut-être parce que ce sont elles qui les font.

*
* *

Un des éléments qui contribuent le plus au succès des hommes près des femmes, c'est le colossal amour-propre de celles-ci. Elles savent qu'elles procurent des jouissances à l'homme, et, fières intérieurement, quelquefois même inconsciemment, de cette puissance, elles cèdent au désir de l'exercer, alors même que souvent elles n'y trouvent aucun agrément.

*
* *

Frappez l'imagination des femmes, elles sont à vous.

*
* *

Souvent la jalousie de leurs femmes fait le

succès des maris près des autres. Celles-ci trouvent une certaine satisfaction d'amour-propre à conquérir des cœurs qui sont gardés avec une si grande vigilance.

* *

Les femmes ne ressentent pas l'amour de la même manière que les hommes. Le sentiment qu'elles éprouvent est, le plus souvent, étranger à l'action des sens, ou plutôt l'organe mystérieux que l'on est convenu d'appeler le cœur, domine chez les femmes l'influence des sens. Il en est tout autrement chez les hommes. La femme éprouve, quand elle donne son affection à un homme, une impression analogue à celle d'un jeune garçon *non encore parvenu à la puberté* pour un camarade ayant atteint ce degré de développement corporel. Ceci est une observation physiologique très-sérieuse. Quiconque se donne la peine d'examiner avec un peu d'attention ce qui se passe dans les colléges, constatera que des enfants de dix à treize ans se prennent d'une amitié très-tendre pour des jeunes gens âgés de quatorze ans et au-dessus. Chez ces derniers, l'affection qu'ils donnent en retour est peut-être secrètement d'une nature moins pure. Les chefs d'institutions connaissent bien le danger de ces liaisons, et ils ont soin de séparer les *grands* des *petits*.

« *Formosum pastor Corydon ardebat Alexin.* »

Mais l'enfant donne son affection sans arrière-pensée. Eh bien ! il y a là l'image frappante des deux natures d'amour chez les adultes de sexe différent. La femme aime à la façon de l'enfant de dix ans, l'homme à la façon du grand garçon.

*
* *

Toute femme, même sans avoir jamais été mère, tient de la mère. Il y a, en quelque sorte, entre toutes les femmes, à cet égard, comme la solidarité du cœur; et chaque femme aime un peu à la manière des mères.

*
* *

Les femmes qui se sont données à des amants réellement aimés, sont prises parfois d'un retour de fierté qui leur fait écarter avec une énergie fébrile jusqu'au souvenir de ce doux abandon.

§ 4. — COMMERCE D'AMITIÉ AVEC LES FEMMES

La partie masculine de l'humanité est si méchante qu'il serait à désirer que les hommes bons ne fréquentassent que des femmes. Le commerce des femmes est consolant pour le cœur. — Il ne s'agit, bien entendu, que du commerce des intelligences. — Et un homme sage n'a aucun éloignement pour les femmes vieilles et laides, à la condition qu'elles soient intelligentes et bonnes.

*
* *

On ne perd jamais son temps près d'une femme aimable.

Réponse que fit une femme d'esprit à l'aphorisme ci-dessus :

« On perd souvent beaucoup de temps près d'une femme aimable. » — *Perdre*, dans cette seconde acception, est synonyme d'*employer*.

*
* *

Il vaut mieux avoir une femme dans ses intérêts que trente hommes, parce qu'une femme parle plus que quarante et mieux que cinquante.

*
* *

Les jeunes gens n'osent pas assez se lier avec les femmes. Cela est vrai, quelle que soit la nature des liaisons qui peuvent s'établir entre personnes de sexe différent. Mais nous ne nous occupons ici que des relations intellectuelles. Ceux qui ont goûté les charmes de ce commerce exquis, savent quelles délices il procure. Il semble qu'une telle union participe de la félicité que la mythologie prêtait aux dieux. C'est l'amour épuré, ennobli, dégagé de la tyrannie des sens, et amené à une perfection analogue à celle des plus suaves parfums réduits à l'état de quintessence.

Ce qui empêche, le plus souvent, les jeunes gens de faire des avances à une femme de mérite, c'est qu'ils s'imaginent qu'il est nécessaire d'apporter dans ce mariage mystique des qualités approchant de celles de la personne qui les attire. Erreur profonde ; la femme est, en général, un être plus accompli, plus fini dans chacun de ses détails, que n'importe quel homme. Par conséquent, il serait, en effet, logique de craindre de sa part un dédain justifié. Mais la femme ne regarde pas le commerce d'amitié qu'elle consent à établir avec un homme, comme une association mercantile dans laquelle tous les contractants doivent faire des apports équivalents. La femme est portée, par indulgence naturelle, à être moins difficile que l'homme, à cet égard.

*
**

Les écrivains qui n'ont pas été en contact avec une femme intelligente, spirituelle et instruite, que ce soit leur épouse, leur maîtresse ou leur amie, sont nécessairement des génies incomplets.

*
**

Les sexes sont, en quelque sorte, distincts intellectuellement comme ils le sont physiquement. Quand deux intelligences se rencontrent dans ces conditions, il se produit un phénomène psychologique remarquable. Les exemples sont fréquents dans l'Histoire. « Pour peu que l'on y prête quelque attention, a dit Daniel Stern, l'on reconnaît aisément une sorte d'attrait entre les esprits qui ressemble beaucoup à l'amour d'un sexe pour l'autre. Les esprits virils recherchent avec prédilection le commerce des intelligences féminines, et de ces unions naissent les grandes pensées. »

*
* *

Les femmes belles sont tenues d'être aimables envers les autres femmes afin de se faire pardonner, — résultat fort difficile à obtenir, — leur supériorité physique.

§ 5. — EDUCATION DES FEMMES

Il est essentiel de donner aux femmes une éducation robuste. A l'époque de la vie où la femme perd ses attraits et voit sa constitution physique se transformer tristement, c'est un spectacle bien affligeant que l'affaiblissement subit de tout son être. Mais si, par la culture de son esprit et le développement de son intelligence, elle est en situation de se consoler de la destruction de ses charmes, sa place dans la Société ne demeure pas inoccupée.

*
* *

Une femme conviendra plutôt d'un crime qu'elle n'a pas commis que de son âge.

*
* *

Les femmes-auteurs, même les plus intelligentes, sont très-maladroites pour choisir un pseudonyme. Presque toujours, celui qu'elles prennent n'a aucune signification pour le public ou répond à une situation, absolument privée, de la personne qui l'adopte. Il s'ensuit qu'il faut faire une véritable enquête pour découvrir la clef d'un mystère d'ailleurs dénué d'importance.

§ 6. — APTITUDE DES FEMMES

Il est une école qui réclame d'une manière absolue, pour la femme, le bénéfice des mêmes droits et l'exercice des mêmes devoirs que pour l'homme. Cette école méconnait les lois de la nature. La femme et l'homme ont des organisations physiques différentes et doivent avoir, par conséquent, des attributions distinctes, dans la vie sociale. Aussi est-il indispensable, pour le législateur, de bien observer quelles sont les aptitudes physiques et intellectuelles de la femme et de lui conférer le droit d'exercer ces aptitudes dans toute leur étendue. Il est possible que les dissidentes invoquent le droit des minorités et demandent à être admises à remplir des devoirs exigés des hommes seuls, comme, par exemple, celui du service militaire. Mais si, après un mûr examen, les législateurs ont décidé que la femme est dispensée de cette obligation, les prétentions des dissidentes devront être absolument écartées. En vain objecteront-elles qu'elles sont libres de renoncer au bénéfice de la loi. Ce ne sera nullement porter atteinte à leur liberté que de leur refuser un véritable privilège qui exigerait la création de toute une série de services spéciaux. Car, aussi peu collet-monté que soit un gouvernement, il est hors de doute qu'il ne permettrait pas que des dames ou des demoiselles marchassent dans le rang, au milieu de camarades masculins. — Nous sommes toujours dans l'hypothèse où « des personnes du sexe » demanderaient à s'enrôler dans l'armée. — A la guerre, il ne faut pas de distractions.

D'un autre côté, les femmes sont frappées d'une foule d'incapacités que l'on pourrait appeler « de présomption ». Il n'est question ici que de l'inaptitude légale des femmes à exercer telle ou telle profession, à remplir tel ou tel emploi. On les a , toutefois, admises dans les Postes, dans les Télégraphes et dans quelques autres places médiocres. Il serait à désirer qu'on les déclarât, en principe, propres à gérer tout au moins les emplois pour lesquels elles montreraient l'intelligence, le savoir, l'habileté et l'aptitude physique-nécessaires.

En lisant un décret de la Convention, en date du 1er Prairial, de l'an III (1795), par lequel les femmes ne devaient plus occuper les tribunes de la salle des délibérations, on fait tout naturellement la réflexion suivante : Pourquoi, dans la Société , crée-t-on aux femmes une situation à part, par le seul motif qu'elles sont femmes ? Ne devraient-elles pas être admises à tous les travaux qu'elles peuvent exécuter ? Pourquoi ne seraient-elles pas avocats , médecins , journalistes, etc., si elles montrent pour ces carrières des aptitudes suffisantes ?

DEUXIÈME PARTIE

—

PENSER

PREMIER ENTRETIEN

DES FACULTÉS PSYCHOLOGIQUES

§ 1. — DE LA PENSÉE

> « La réflexion est la puissance de se re-
> plier sur ses idées, de les modifier ou de
> les combiner de diverses manières. »
> (VAUVENARGUES, *De l'esprit humain.*)
> « Telles sont les pensées habituelles, tel
> sera ton esprit, car l'âme prend la tein-
> ture de nos pensées. »
> (MARC-AURÈLE, *Pensées.*)

Les pensées sont femmes. Elles font de la coquetterie, si vous courez après elles. Il faut attendre patiemment qu'elles soient disposées à devenir moins farouches. Elles finissent par se rendre. Vauvenargues a dit : « Lorsque nous appelons les réflexions, elles nous fuient ; et quand nous voulons les chasser, elles nous obsèdent et tiennent malgré nous nos yeux ouverts pendant la nuit. » (*Réflexions et maximes, DIII).*

*
* *

Nil novi sub sole, rien de nouveau sous le soleil, a-t-on dit. Maxime enfantée par un cerveau stérile et envieux. Et pourtant cet axiome se contredit lui-même, car il faut bien qu'il y ait eu quelqu'un qui l'ait formulé. Et celui qui l'a inventé produisait en réalité quelque chose de neuf. Il est vrai que les esprits subtils peuvent prétendre que cette pensée fut justetement la dernière création humaine.

*
* *

Lorsqu'on prépare un ouvrage de morale ou d'observation, il ne faut pas prendre le dictionnaire et rédiger, tout d'une haleine, une série de chapitres, suivant les mots qui vous frappent plus particulièrement. C'est de l'empirisme. Il faut noter ses réflexions, au fur et à mesure qu'elles se présentent et selon que les circonstances vous inspirent, sans effort, sans précipitation, telle ou telle pensée vous invitant à quelques instants de méditation.

*
* *

La plupart des moralistes s'abandonnent à des

dissertations et produisent peu de ces sentences brèves qu'on appelle des *maximes*. Larochefoucauld et Vauvenargues sont les plus concis. Pascal est quelquefois un peu diffus.

*
* *

Un recueil de pensées détachées à l'air d'un livre dont on a élagué les quatre-vingt-dix-neuf centièmes comme fastidieux, pour ne conserver, par compassion, que quelques phrases raisonnables désormais sans liaison entre elles.

*
* *

Il ne faut pas attendre de n'avoir plus de pensées neuves, pour publier celles qu'on a eu soin de noter, car il en vient chaque jour de nouvelles et si l'on voulait choisir le moment où la source serait tarie, on n'offrirait jamais au public le livre projeté.

*
* *

Le langage est l'enveloppe de la Pensée. Le langage change, la pensée est immuable. Il faut donc donner à la pensée une enveloppe si transparente, si légère et si fragile, qu'elle puisse être remplacée avec la plus grande facilité, c'est-à-dire que la pensée puisse être traduite commodément dans toutes les langues.

Il semble réellement (c'est une impression physique incontestable), qu'on aiguise en quelque sorte sa pensée en se passant la main sur le front, lorsqu'on se sent l'intelligence un peu paresseuse.

*

Les esprits superficiels considérent peut-être que la plupart des sentences des moralistes sont des *vérités de la Palisse*. Les aphorismes sont souvent, en effet, des formules dont l'exactitude saute aux yeux. Mais la difficulté consiste précisément à trouver ces formules. Pascal, Larochefoucauld, Vauvenargues, y ont excellé. Que les détracteurs de ce genre de talent essaient de produire des maximes sensées, ils s'apercevront si c'est un enfantement laborieux.

*

« Les plus belles pensées sont celles qu'on n'é-crit pas » a dit M. Ernest Renan. Cet aphorisme frappe l'esprit, au premier abord, comme tous les aphorismes. Mais, en y réfléchissant, on constate qu'il est regrettable. « Les plus belles pensées sont celles qu'on n'écrit pas. » Comment cela ? Sont-elles belles parce qu'on ne les écrit pas ? Ou bien est-ce parce qu'elles sont trop belles qu'on ne les écrit point ? Mais alors qui en est juge ? De toute façon, l'aphorisme de

M. Renan est fâcheux, surtout venant d'un esprit aussi remarquable, car il approuve ceux qui ayant de belles pensées, n'en font pas profiter le prochain. Par bonheur, en ce qui concerne personnellement M. Renan, il lui arrive fréquemment d'oublier sa propre théorie.

*
* *

On trouve parfois des pensées neuves, originales, élevées, noyées dans de longs et insipides romans. Quel dommage !

*
* *

Il n'y a pas encore bien longtemps, les moralistes et les penseurs étaient obligés de cacher leurs enseignements et leurs doctrines dans des romans ou dans d'autres œuvres, en apparence légères. Cela tenait au peu de développement de l'instruction et à la frivolité des esprits. Aujourd'hui nous entrons dans une ère nouvelle : la pensée est goûtée pour elle-même, les écrits solides sont recherchés et l'on est avide de la parole. Les femmes elles-mêmes, plus portées par nature à parler qu'à laisser parler les autres, écoutent très-volontiers. Les conférences sont toujours en vogue et elles continuent à être de plus en plus suivies. Les conférences sont même, dans le temps où nous sommes, le moyen le plus sûr de propager les saines idées. Actuellement, on écrit beaucoup; mais il n'est pas donné à tout le monde de parler ni même de *lire* de façon à plaire au public. C'est un bien, au point de vue général. En effet, si la parole se prodiguait comme l'écriture, nous serions dans une vraie tour de Babel. Que de journaux, que de livres, que de brochures nous inondent! Jugez donc de ce que serait une société où chaque salon serait transformé en *Forum* et chaque fauteuil en tribune aux harangues! Déjà nous ne savons plus ce que nous devons lire, parmi toutes les productions nouvelles qui nous oppressent et nous suffoquent, comme l'amas de boucliers gaulois sous lequel périt l'ambitieuse Clélie. Quel serait, par conséquent, notre embarras, si, chaque jour, nous étions préoccupés de savoir dans quel moulin à paroles nous irons passer notre soirée. Heureusement, il n'en est pas ainsi. Le maniement de la parole uni à l'enchaînement des idées, est relativement rare. Que ceux donc qui se croient bien doués et en qui cette bonne opinion est confirmée par des amis sincères, se dévouent au bien général et organisent des séries d'entretiens sur des sujets sérieux, mais en ayant soin toutefois (et c'est là, convenons-en, la pierre d'achoppement), de se rappeler qu'ils sont rigoureusement tenus de les rendre intéressants.

*
* *

Souvent une idée n'est prise pour une utopie que parce qu'elle est mal présentée.

**

Lorsqu'on s'aperçoit que, faute d'avoir reçu dans ses études une direction méthodique, on n'a qu'une instruction incomplète, on doit s'efforcer de racheter cette insuffisance par une grande contention d'esprit et par un travail considérable de pensée.

**

On a dit : « L'homme pense sa parole avant de parler sa pensée. » C'est là une de ces assertions qui ont fait fortune, comme tant d'autres, sans que rien justifie une pareille faveur. L'expérience démontre, au contraire, qu'on peut avoir des pensées en foule auxquelles on serait fort embarassé, sur le moment, d'assigner une forme grammaticale. D'après Boileau,

Ce que l'on conçoit bien s'énonce clairement
Et les mots pour le dire arrivent aisément.

Admettons-le, mais à la condition qu'on nous concède que cet heureux résultat n'est pas instantané. Nous entendons tous les jours, en effet, des gens s'écrier : « Oh ! si je pouvais dire ou écrire ce que je pense, comme je le sens ! »

**

« Il n'y a pas de différence, à mes yeux, a dit Proudhon, entre l'auteur qui médite, le législateur qui propose, le journaliste qui écrit et l'homme d'Etat qui exécute. » Proudhon aurait pu ajouter : « et l'orateur qui fait par la parole le même travail que le journaliste par la plume. »

***

Les penseurs ne sont pas des glossateurs. Aussi Pascal, Larochefoucauld, Vauvenargues, citent-ils rarement d'autres auteurs. On dira peut-être que c'est parce qu'ils ont peu lu. Soit. S'ils avaient lu davantage, ils auraient moins écrit et nous y aurions évidemment beaucoup perdu.

***

Les intérêts humains sont tous terre à terre. Par conséquent, pourrait-on dire, les penseurs sont des êtres inutiles. Il n'en est point ainsi. Il est précisément nécessaire que quelques hommes pensent pour ceux qui ne pensent pas, afin de préparer, autant que possible, cet idéal qui doit réaliser la félicité de tout le monde.

***

On naît penseur comme on naît poëte. Les idées viennent d'elles-mêmes ou ne viennent pas du tout. En vain se placerait-on devant une table, la tête dans les mains, et se creuserait-on le cerveau pour faire venir les pensées, on ne parviendrait point à en provoquer l'éclosion. Vauvenargues a dit : « Lorsque nous appelons les réflexions, elles nous fuient ; et quand nous voulons les chasser elles nous obsèdent et tiennent malgré nous nos yeux ouverts pendant la nuit. » Ces paroles ont été citées plus haut. Mais un texte invoqué comme autorité ne perd rien à être répété.

Assurément, la méditation facilite la production des pensées et développe même l'aptitude à les émettre et à les formuler, mais chez ceux-là seulement qui sont doués d'une façon spéciale pour ce genre de travail intellectuel.

** **

Un *rêveur*, c'est l'homme qui pense, jugé et condamné par ceux qui ne pensent pas.

** **

On s'imagine trop souvent que pour être un penseur il faut avoir de grands maux de tête comme Pascal ou voir sans cesse un gigot devant son nez comme Malebranche. C'est une erreur de croire que les penseurs se reconnaissent à des phénomènes extérieurs sortant de l'ordinaire. Souvent ces signes surprenants n'étaient que de la charlatanarie. De nos jours, on peut être un grand homme en portant un paletot-sac et un bon médecin sans bonnet carré.

Nous passons souvent, peut-être, à côté d'hommes dont l'extérieur n'a rien qui les distingue et qui sont cependant de profonds penseurs. Il ressemblent à tout le monde ; ils se mêlent volontiers aux plaisirs des personnes de leur connaissance ; ils se comportent chez eux comme les premiers venus. Et pourtant leur esprit bouillonne, leur cerveau est en fermentation, leur cœur menace d'éclater. Comment se fait-il donc que nul ne semble s'en douter ? C'est que pour deviner un penseur, il faut être soi-même un penseur. En second lieu, c'est que la pensée, forte de sa propre valeur, n'a pas besoin d'une livrée particulière.

*
* *

Ce qu'il y a de plus remarquable dans la vie du penseur, ce n'est pas de formuler une suite plus ou moins considérable de pensées, mais de les émettre dans un certain ordre et comme par groupes, par séries. C'est cette idiosynchrasie psychologique, si l'on peut dire, qui imprime son sceau particulier à tel ou tel penseur et qui fait que le recueil de ses idées, émises peut-être cent fois individuellement par d'autres, revêt un caractère absolument original.

* *

Le penseur, pour être réellement dans le progrès, doit non-seulement envisager le temps où il vit, mais encore, dans une certaine mesure, le temps à venir.

* *

Le penseur regarde les gens en place s'agiter, se donner de l'importance, se frayer une voie vers des honneurs plus hauts encore, en faisant croire à la supériorité de leur talent. Pour lui, il médite, il observe, il étudie, jusqu'au moment où se sentant assez mûr pour rendre des services à ses concitoyens, il sorte de son obscurité et surprenne par son mérite et son désintéressement.

Il est, au contraire, des penseurs qui ne peuvent remplir d'autre rôle que celui d'éclaireurs. Ce sont ceux qui n'ont pas les qualités spéciales qui constituent les hommes d'action, c'est-à-dire ceux qui entraînent leurs auditeurs à prendre immédiatement des résolutions. Ces penseurs ont de l'influence par leurs écrits. Ils doivent, en conséquence, être doués d'un style clair, précis, élégant sans affectation, empreint de quelque esprit et parfois légèrement enjoué. — Il n'est pas nécessaire de prendre un ton plus solennel pour traiter des questions d'une très-haute importance. — C'est ensuite aux hommes d'action de reprendre les opinions émises, développées et bien élucidées des penseurs, et de persuader à leurs concitoyens de les mettre en pratique. C'est aux mêmes hommes de discerner quelles sont les vérités qui peuvent être immédiatement appliquées, car le penseur raisonne surtout théoriquement et s'occupe des principes en eux-mêmes, sans s'inquiéter toujours du moment où il convient de les invoquer.

*\
* *

La réflexion, l'observation et l'exemple d'autrui mûrissent singulièrement les hommes.

*\
* *

La méditation fait comprendre l'inanité des distinctions. Prenons un exemple : le titre de député, c'est-à-dire d'homme de confiance de ses concitoyens, est certainement le plus digne d'exciter une saine et noble ambition. Tout citoyen, même celui qui sent qu'il n'obtiendra jamais cette qualité, en apprécie le haut relief. Eh bien ! une distinction si élevée ne doit avoir qu'un prix secondaire aux yeux des hommes raisonnables. Ce qu'ils doivent considérer, ce n'est ni le pouvoir, ni l'influence, ni même la considération basée sur le rang qu'on occupe : c'est simplement l'estime des autres. Un bon citoyen doit se soucier très-peu de la puissance pour lui-même. Il doit se soucier très-peu, également, de faire prévaloir son opinion uniquement parce que c'est son opinion. Il doit se soucier très-peu, enfin, de recevoir des hommages par le seul motif qu'il est revêtu d'une fonction, même élective (ce qui est pourtant fort flatteur). Ce qu'il doit vouloir, c'est d'avoir le droit de dire partout et toujours, par la parole et par la plume, ce qu'il croit devoir être dit dans l'intérêt général, et d'être regardé par tout le monde comme ayant exprimé sa pensée avec honnêteté et conviction. Ce témoignage universel est le plus beau titre de gloire que l'on puisse désirer. Ne pas dominer, ne pas être servile, agir en soldat zélé mais modeste du progrès et en membre dévoué de la grande famille humaine, tel est l'idéal de l'honnête homme. La Tour d'Auvergne ne voulut jamais être qu'un simple grenadier, et sa mémoire sera révérée à jamais.

§ 2. — DE L'INTELLIGENCE

La nourriture intellectuelle est celle qui procure la plus longue existence. Ceci n'est pas seulement une métaphore faisant allusion à la gloire posthume qui prolonge en quelque sorte la vie des personnes instruites. C'est encore une affirmation positive. Et l'on soutient ici que la plupart des grands génies, des hommes qui ont le plus étudié, qui ont été le plus féconds, qui ont produit les plus belles œuvres de l'esprit, ont vécu physiquement le plus longtemps. Homère, Sophocle, Platon, Michel-Ange, Fontenelle, Voltaire, Goëthe, Victor Hugo, en sont de saisissants exemples.

Tout au moins nous concédera-t-on que chez ces hommes illustres la lame n'a pas usé le fourreau. Mais cette concession ne nous suffit pas et nous répétons qu'une longue vieillesse est très-souvent l'heureuse conséquence d'une existence laborieuse, d'un travail intellectuel persévérant. On a renoncé, aujourd'hui, à la tradition qui ne souffrait guère qu'on proclamât poëtes ou artistes que d'infortunés phtisiques.

*
* *

La nourriture intellectuelle consistant surtout dans le fruit qu'on retire de ses lectures, le choix des ouvrages que l'on se propose de lire a une importance capitale.

*
* *

Il est un genre d'infériorité intellectuelle qui consiste à se croire en toute chose supérieur à tout le monde.

*
* *

On entend dire souvent : un tel est fort !...
C'est une expression qui sent le collège. — Fort
en quoi ? — Ah ! fort, voilà. Fort en tout.

Naïfs que vous êtes, mettez donc cet homme
fort à l'épreuve et recherchez quelle est sa spécialité, car, de nos jours, sans spécialité, il n'y
a pas d'hommes forts, il n'y a que des charlatans ou des individus superficiels.

*
* *

On entend dire parfois que tel personnage,
sans être très intelligent, a une grande facilité
d'assimilation. Que signifie exactement l'expression : s'assimiler ? D'abord est-elle irréprocha-
ble, au point de vue de la langue française ?
Enfin, en la tenant pour académique, bien que
Littré ne l'ait pas sanctionnée dans ce sens
métaphorique, elle veut dire : propriété d'acquérir, de faire siennes les notions de toute
nature que l'on saisit au passage, faculté de les
convertir, pour ainsi dire, en sa propre substance
intellectuelle. Mais cette qualité est précisément
un des aspects de l'intelligence.

*
* *

On dit d'un homme ou d'un ouvrage qu'il est
« profond. » Ce terme n'a jamais été bien dé-
fini. Tel peut être profond aux yeux des uns et
superficiel aux yeux des autres. La profondeur

peut donc se définir : l'étendue de la conception appréciée par les personnes qui pensent comme vous.

*
* *

Pour avoir réellement le droit de commander aux autres, il faut leur être supérieur par l'intelligence ; et cela sans conteste.

*
* *

L'homme est perfectible dans son intelligence, presque indéfiniment. Quel est celui qui, s'il est positivement observateur, n'a pas senti, après une conversation intéressante, un discours, une lecture, un spectacle, un voyage, une audition musicale, un séjour de quelques moments dans un musée, son intelligence agrandie et développée ?

*
* *

Il est trois catégories d'hommes qui se livrent à des travaux intellectuels : 1° ceux qui se servent beaucoup de la mémoire ; 2° ceux qui se servent surtout de la méthode ; 3° ceux qui, doublement favorisés de la nature utilisent, concurremment et la mémoire et la méthode. Ces derniers sont très-rares, et, quand ils se rencontrent, c'est sur eux que doivent porter toutes les admirations.

§ 3. — DE LA DÉLIBÉRATION.

Hésiter est la conséquence de délibérer. Celui qui se décide du premier coup, sans se donner le temps de la réflexion, est exposé à changer de manière de voir aussi souvent que des impressions différentes modifient sa sensibilité ou son entendement.

N'avoir jamais varié est plutôt un bonheur qu'un mérite.

*
* *

Lorsqu'on arrive à sa trentième année (il n'est question ici que du commun des mortels, car les esprits d'élite peuvent être lucides plus tôt) on sent comme un voile se déchirer devant son intelligence. La notion du vrai apparaît plus ou moins nette suivant les sujets, mais, en général, suffisamment perceptible pour qu'on la suive désormais sans dévier. Toutefois, il faut se tenir en garde contre les passions qui pourraient se mettre à la traverse. Aussi est-il à la fois cruel et maladroit de rappeler à un homme qu'à telle époque il pensait et agissait autrement qu'aujourd'hui. Si actuellement il agit et pense correctement, sachez lui gré, au contraire, d'avoir su trouver la bonne voie et de s'y maintenir.

*
* *

On dit parfois que tels hommes qui auraient pu marquer leur place parmi les philosophes, ont suivi des voies erronées, faute d'avoir eu des amis assez courageux pour leur indiquer qu'ils s'engageaient par inadvertance dans des sentiers où ils s'égaraient. Ces philosophes, il faut bien le supposer, n'avaient probablement pas fait connaître à leurs amis qu'ils accepteraient avec empressement des indications, lorsquelles seraient claires et les aideraient à trouver leur chemin. Ceux-ci avaient même, peut-être, acquis la certitude que les observations qu'ils hasarderaient seraient dédaigneusement accueillies. Autrement, on ne s'explique guère qu'ils n'aient pas osé prendre cette initiative.

Il arrive quelquefois qu'on néglige de noter certaines idées parce qu'on se dit « ceci est trop à la portée de tout le monde pour que d'autres n'y aient pas songé avant nous. » On ne réfléchit pas qu'il faut presque du génie pour découvrir ce qui est à la portée de tout le monde. Ce serait le lieu de citer l'œuf de Christophe Colomb, si cet exemple n'était pas déplorable, parce que les convives sous-entendaient, évidemment, qu'il fallait faire tenir l'œuf debout sans en modifier la forme.

*
* *

Rien ne décourage de travailler à une œuvre

utile comme l'insuccès d'une motion raisonnable. Mais c'est justement dans de pareilles circonstances que les hommes dévoués à l'intérêt général doivent fortifier leur résolution de persévérer, sans se sentir offensés des échecs que subit leur amour-propre.

*
* *

En France, le pays de la légèreté, pourtant, — à ce qu'on assure, — si l'on n'est pas vieux ou laid ou solennel, on n'a pas beaucoup de chance de faire prévaloir son opinion.

*
* *

Les erreurs des grands esprits comptent chacune pour dix. En effet, habitué que l'on est à prendre pour des oracles tout ce qui émane d'eux, on admet difficilement qu'ils puissent se tromper ; et leurs erreurs, acceptées comme des vérités, se propagent, s'enracinent et deviennent très-difficiles à extirper.

§ 4. — DE L'INTENTION

L'intention est un fait extrêmement remarquable et dont l'homme tient instinctivement grand compte. Je donne un coup, même un peu fort, à mon meilleur ami ; il se retourne et, me reconnaissant, ne se montre pas irrité, parce qu'il sait que mon intention n'a été ni de lui faire mal ni de l'humilier. Au contraire, un insolent me frappe légèrement au visage de son gant ; je bondis sous l'injure et j'en exige réparation, car je sais que l'intention de mon agresseur a été outrageante.

*
* *

Lorsque ceux qui n'en ont pas l'habitude sont insultés, ils se désespèrent, les premières fois ; il leur semble que les tiers vont croire à toutes les calomnies dont ils sont l'objet, quelque bien établie qu'ait été leur réputation, jusqu'à ce moment. Mais, d'une part, malgré l'étendue de la perversité humaine quand elle se déploie, l'intention des insulteurs est assez rarement de perdre à jamais les personnes qu'ils injurient ; d'autre part, l'indifférence du public fait que son impression n'est ni profonde ni durable. Aussi ne faut-il pas se préoccuper de la grossièreté des injures qu'on reçoit mais de leur bien fondé, afin de s'amender, s'il y a lieu.

*
* *

L'injure est quelquefois relative. Lorsqu'un homme, par exemple, jette à un autre, comme un outrage, le nom de la profession de celui-ci, il n'a pas tant l'intention de rabaisser cette profession (ce qui serait absurde) que de vexer son adversaire qu'il sait sans doute humilié de n'être pas un grand seigneur. C'est ainsi qu'on entend un jour un cordonnier appeler un ennemi « perruquier », d'un ton de mépris, et un autre jour, un perruquier traiter de « cordonnier » un interlocuteur qui lui déplait.

§ 5. — DU JUGEMENT

Les personnes indépendantes de caractère ne s'imaginent pas ce que peuvent inspirer la platitude, la servilité, la bassesse, etc. Aussi les hommes droits qui sont nés dans un milieu officiel et qui eux-mêmes ont été investis de bonne heure de fonctions administratives, judiciaires ou militaires, sont-ils obligés de faire les plus grands efforts de pensée pour se rendre compte de ce qui se passe dans les esprits étroits, petits et vils. Et pourtant il est nécessaire qu'ils voient l'humanité telle qu'elle est, sous peine d'être exposés à commettre de fâcheuses erreurs dans l'exercice de leurs fonctions. Leur principale préoccupation doit consister à ne pas se laisser fausser le jugement que, selon l'expression de Montaigne, « les moindres choses du monde tournevirent. »

Les gens instruits qui font de la philosophie ou de la politique, jugent trop les autres d'après eux, en ce sens qu'ils croient trop qu'il y a plus de gens qui les comprennent qu'il n'y en a en réalité. C'est là une faute de jugement.

*
* *

Un homme supérieur est bienveillant. Voit-il une personne pour la première fois, il se garde de la juger défavorablement. Il attend et, sans se livrer imprudemment, il a soin de se montrer assez affable pour l'engager à se révéler telle qu'elle est.

*
* *

C'est prouver une supériorité relative que de se reconnaître médiocre.

*
* *

Nul ne peut se flatter d'avoir le droit de dire d'un autre qu'il a le jugement faux, car chacun partant de son point de vue particulier, peut s'engager dans une série de raisonnements très-logiques (toujours à son point de vue). Il faut donc dire que c'est son point de départ qui est faux et non son jugement. On n'a pas nécessairement le jugement faux par le fait seul qu'on prend quelquefois un point de départ faux, car on peut avoir été induit en erreur par des apparences auxquelles l'esprit le plus solide se serait trompé.

*
* *

On a dit : « tout le monde se plaint de la *Mémoire* et personne du *Jugement*. » Il n'y a pas lieu de s'étonner de cela. Rien n'est plus facile que de constater qu'on n'a pas de mémoire , tandis que pour s'apercevoir qu'on a le jugement faux, il serait précisément nécessaire de l'avoir juste.

§ 6. — DE LA MÉMOIRE

La mémoire est comme une servante, on utilise ses services, mais on se réserve de contrôler tous ses agissements. Aucune personne, aussi bien douée qu'elle soit, à cet égard, ne peut répondre, d'une manière absolue, de la sûreté de sa mémoire.

Montaigne est celui des grands écrivains qui s'est le plus appesanti sur les inconvénients d'une mémoire défectueuse. Il était d'autant plus compétent en la matière, qu'à son dire il manquait presque complétement des facultés mnémoniques.

Alors même qu'on est doué d'une mémoire solide, on ne s'en rapporte pas absolument à elle. En effet, en faisant une citation, par exemple, on est exposé, même avec une excellente mémoire, à reproduire un mot ou un chiffre d'une façon inexacte et à induire involontairement son auditoire en erreur. Celui-là donc qui prend la tâche délicate de prononcer des discours, agira prudemment, chaque fois, en revoyant avec attention, à un moment très-rapproché de son acte oratoire, les documents sur lesquels il entend s'appuyer.

Revenons à Montaigne. L'auteur des *Essais* constate son défaut de mémoire, mais en philosophe patient il se console ; et en homme avisé il trouve des raisons pour s'applaudir des avantages que cette imperfection lui procure. Il assaisonne le tout de sel attique et se sert de tours narquois, presque badins.

« Il n'est homme à qui il siese si mal de se mesler de parler de memoire ; car je n'en recognois quasy trace en moy ; et ne pense pas qu'il y en ayt au monde une aultre si merveilleuse en défaillance. J'ay toutes mes aultres parties viles et communes ; mais, en cette là, je pense estre singulier et tresrare, et digne de gaigner nom et réputation. Oultre l'inconvenient naturel que j'en souffre (car certes, veu sa necessité, Platon a raison de la nommer une grande et puissante deesse), si en mon païs on veut dire qu'un homme n'a point de sens, ils disent qu'il n'a point de memoire ; et quand je me plains du default de la mienne , ils me reprennent et mescroyent, comme si je m'accusais d'estre insensé : ils ne veoyent pas de chois entre memoire et entendement. C'est bien empirer mon marché ! Mais ils me font tort ; car il se veoid par expérience, plutost au rebours, que les memoires excellentes se joignent volontiers aux jugements debiles. Ils me font tort aussi en cecy, qui ne sçay rien si bien faire qu'estre amy, que les mesmes paroles qui accusent ma maladie representent l'ingratitude ; on se prend de mon affection à ma memoire ; et d'un default naturel, on en fait un default de conscience : « Il a oublié, dit-on, cette prieré ou cette promesse ; Il ne se souvient point de ses amis : Il ne s'est point souvenu de dire, ou faire, ou taire cela, pour l'amour de moy. » Certes, je puis aysecment oublier : mais de mettre à nonchaloir la charge que mon amy m'a donnée, je ne le fois pas. Qu'on se contente de ma misere, sans en faire une espece de malice, et de la malice autant ennemie de mon humeur.

« Je me console aulcunement : Premierement, sur ce, que c'est un mal duquel principalement j'ay tiré la raison de corriger un mal pire, qui se feust facilement produict en moy , savoir est l'ambition ; car cette defaillance est insupportable à qui s'empestre des negociations du monde : Que, comme disent plusieurs pareils exemples du progrez de nature, elle a volontiers fortifié d'aultres facultés en moy à mesure que cette cy s'est affoiblie ; et irois facilement couchant et alanguissant mon esprit et mon jugement sur les traces d'aultruy, sans exercer leurs propres forces , si les inventions et opinions estrangieres m'estoyent presentes par le benefice de la memoire : Que mon parler en est plus court ; car le magasin de la memoire est volontiers plus fourny de matiere que n'est celui de l'invention. Si elle m'eust tenu bon, j'eusse assourdi tous mes amis de babil, les subjects esveillants cette telle quelle faculté que j'ay de les manier et employer, eschauffants et attirants mes discours.

. . . .
. . . .
. . . .

« Secondement, qu'il me souvient moins des offenses receues , ainsi que disait cet ancien : il me faudrait un protocolle comme Darius, pour n'oublier l'offense qu'il avoit receue des Atheniens, faisoit qu'un page, à touts les coups qu'il se mettoit à table, lui veinst rechanter par trois fois à l'aureille : « Sire , souvienne vous des Atheniens ; » d'aultre part, les lieux et livres que je reveoy me rient toujours d'une fresche nouvelleté. »

Dans certaines contrées de la France et, notamment, au sud de Bordeaux, dans la région
des Landes, les paysans confondent encore,
comme le faisaient les compatriotes de Montaigne, ses contemporains, la mémoire avec
l'intelligence et avec le bon sens.

Celui qui n'a ni beaucoup de mémoire ni
beaucoup de facilité d'élocution et qui cependant
se reconnait du talent, doit suppléer à la mémoire par la méthode et à la facilité d'élocution
par l'habitude d'écrire. Il est absolument impossible qu'avec ce procédé un homme réellement doué de valeur ne réussisse pas à se faire
rendre justice dans le monde intellectuel.

Il est des hommes scrupuleux au point de vérifier l'exactitude de leurs propres assertions jusqu'au moment même où ils les formulent. Ceux-là
n'ont pas besoin d'une grande mémoire, car s'ils
possédaient ce don, ils ne s'en serviraient guère.

.˙.

Lorsqu'on étudie avec avidité, la mémoire est
exposée à ne pas s'assimiler ce qu'on lui confie.
Elle ne digère pas, pour employer une expression adoptée. Cela tient peut-être à la constitution mystérieuse de cette faculté qui veut que
les matières se classent en elle et se pressent
les unes contre les autres, au lieu de se super-
poser et, par là, de s'oblitérer.

*
* *

La mémoire, a-t-on dit, est comme un ensemble de casiers où se rangent les matières qu'on lui confie. Cette comparaison est exacte. Que de fois il arrive, quand on essaie de rappeler ses souvenirs sur un point ou sur un autre, de se heurter à des pensées fort éloignées de son sujet !

*
* *

On a dit : « Tout le monde se plaint de la mémoire et personne du jugement. » Là-dessus, on a taxé l'homme en général d'animal bouffi d'orgueil. Pourquoi ? Veut-on exiger qu'il convienne qu'il n'a ni jugement ni mémoire ? Et n'est-ce pas déjà de l'humilité que d'avouer qu'on n'est pas doué d'une mémoire très-fidèle ? Soyons justes, surtout en nous rappelant que ceux qui se plaignent de n'avoir pas de mémoire, le font avec des expressions de regret très-accentuées.

*
* *

Il est un genre de mémoire (et c'est le plus fréquent), qui ne retient que les faits historiques ou anecdotiques, les dates, les articles de lois, les observations physiques, la topographie d'une contrée ou d'une ville, l'intrigue d'un drame, l'impression générale d'une lecture. On dit vulgairement qu'on a la mémoire *géographique* et la mémoire *historique*. Quelques personnes emploient l'expression de *mémoire locale*. Elles entendent par là le souvenir de la forme et de la disposition des lieux. En dehors de ces fonctions, une mémoire de cette espèce ne retient presque rien « par cœur », pour employer une image très-incohérente, et qui devrait disparaître de notre langue bien que J.-J. Rousseau s'en soit servi. Un grand nombre de personnes n'ont que ce genre de mémoire. Elles n'ont pas la mémoire des textes. Elles savent peu de phrases littérales et peu de vers. Elles ne conservent que les pensées. Ces personnnes, si elles pouvaient le faire, profiteraient surtout à voyager et à lire constamment l'histoire. Mais quelle histoire? Évidemment celle dont les enseignements sont utiles à la morale de l'Humanité. L'histoire ancienne, un peu ; l'histoire du moyen âge, davantage ; l'histoire moderne, encore un peu plus ; enfin et surtout l'histoire contemporaine qu'on ignore généralement.

*
* *

A moins d'être organisé d'une façon toute spéciale, un homme très-instruit a parfois un peu de vague dans la mémoire. Il ressent ce qu'éprouve quelqu'un qui entre dans un salon rempli de ses amis. Au premier abord, il ne distingue personne et ce n'est que peu-à-peu qu'il parvient à se reconnaître. L'homme médiocrement instruit, au contraire, a constamment présentes à l'esprit les notions restreintes qu'il possède. Il est dans une salle peu garnie et il envisage tout son monde du premier coup d'œil.

*
* *

La Mémoire ! Heureux don ! Pourquoi la dédaigne-t-on ? C'est peut-être l'histoire du renard qui convoitait les raisins ou qui avait la queue coupée. On méprise sottement la Mémoire parce que, malheureusement, elle est rare. C'est pourtant une faculté qui seconde particulièrement l'Intelligence. Ou plutôt elle la prolonge. Sans une certaine dose de mémoire, tout écrivain est terne. Et Montaigne, quoi qu'il en dise, n'en était pas absolument privé ; il en avait du moins assez pour se guider dans le choix des citations d'auteurs. Assurément, on ne doit pas, si l'on a bon goût, multiplier les citations littérales ou les allusions historiques ; mais aussi les écrits n'en doivent pas être complétement dépourvus.

On a tort d'ailleurs de faire de la Mémoire une fonction distincte de l'Intelligence. Celle-ci est la faculté de comprendre ; et la Mémoire est la puissance de l'Intelligence à retenir. Un homme de génie, lorsque son intelligence est doublée d'une bonne mémoire, n'en est que plus accompli.

*
* *

Il est si vrai que la Mémoire commande l'admiration, que l'on entend ceux qui viennent de la décrier, exalter un moment après tel ou tel savant émérite. Or, qu'est-ce qu'un savant? C'est un homme qui sait beaucoup, c'est-à-dire qui s'est servi de sa mémoire pour acquérir et conserver des notions considérables.

*
* *

La mémoire est une faculté si précieuse et si digne d'intérêt que beaucoup de professeurs renommés seraient de minces personnages sans son concours. Demandez à ceux-là une idée neuve, un élan sublime, des sentiments généreux, vous n'obtiendrez rien. C'est que tout cela n'est pas du ressort de la mémoire.

*
* *

Si vous n'avez pas une mémoire *très-heureuse,* pour employer l'expression consacrée, n'embrassez point une carrière où cette faculté soit indispensable pour briller. Choisissez-en une dans laquelle l'improvisation ne soit pas fréquente. Alors, avec de l'intelligence et une instruction générale convenable, vous serez sûrs de réussir dans la vie.

.·.

Tout en louant l'admirable et précieuse faculté de la mémoire, on ne peut s'empêcher de constater qu'en général plus un homme en est doué, moins il produit des œuvres de son propre fonds. La mémoire est, en quelque sorte, un pouvoir absorbant qui est en raison inverse du pouvoir émissif.

§ 7. — DE LA NAÏVETÉ.

La naïveté est un honnête travers de l'esprit qui porte à croire que les autres sont probes, loyaux et bons juges en toute matière.

.·.

C'est une erreur de croire qu'il suffit pour arriver d'avoir le vif désir de rendre des services à la Société et d'en être capable. Le plus souvent l'intrigue et la camaraderie sont des auxiliaires indispensables pour parvenir à se faire agréer.

.·.

Toute personne qui raconte ce qui l'intéresse au premier venu, *qui se livre*, pour employer l'expression consacrée en pareille circonstance, n'est pas nécessairement naïve, dans l'acception sympathique du mot. Elle peut parfaitement être rusée, à sa manière, et s'imaginer qu'elle l'emporte par l'intelligence et le savoir-faire sur ceux avec qui elle s'entretient. Cette présomption niaise provient souvent de l'éducation première. Certains parents bornés, vaniteux ou véritablement naïfs, accoutument leurs enfants à se croire des génies, en manifestant une admiration sans limites pour tout ce que ceux-ci accomplissent. Les enfants se persuadent aisément que leurs mérites sont à la hauteur de cet enthousiasme et ne tardent pas à se croire des merveilles de la nature. Persuadés qu'ils sont intéressants pour les étrangers comme pour leurs familles, ils s'abandonnent aux confidences les plus détaillées près de tout venant. Afin d'éviter ce ridicule, il est bon d'avoir toujours présente à l'esprit la vérité que voici : pour qu'une personne consente à reconnaître un mérite supérieur chez une autre, il est nécessaire que ce mérite soit si éclatant qu'il efface le sien propre d'une manière irrésistible ; or, étant donné la vanité humaine, le mérite, pour forcer ainsi l'admiration, doit égaler cent fois (et sans conteste !) celui de la personne qui le juge.

Les étrangers sont absolument indifférents à ce qui vous arrive. L'intérêt qu'ils vous portent est représenté par le rapport suivant : vous tenez à votre personne comme à tout ce qui est au monde et ils y tiennent moins qu'à un fétu.

*
* *

Les naïfs, on doit les aimer, les plaindre et les respecter. Il y a des choses aussi respectables que la naïveté, aucune qui le soit davantage. Les naïfs sont honnêtes. C'est peut-être la seule règle au monde qui ne connaisse pas d'exception. Un naïf intelligent, une fois débarrassé de ses illusions, résout ce problème difficile : devenir madré tout en restant loyal.

* *
*

La naïveté est la niaiserie des gens d'esprit.

*
* *

La naïveté est difficile à détruire comme le chiendent.

*
* *

Lorsqu'on fait notre éducation morale, on nous apprend bien à être honnêtes ; mais on ne nous apprend pas, d'une façon qui nous impressionne suffisamment, qu'il y a des gens malhonnêtes. De là cette tendance fâcheuse qui consiste à juger exclusivement les autres d'après soi.

*
* *

Jeunes gens, à votre âge, on est naïf et l'on se
livre, pieds et poings liés ; on se confie à des
gens qui vous leurrent. Même avec ses plus intimes amis, il faut s'abstenir de parler de soi,
tant dans les entretiens de vive voix que dans
les correspondances. A trop parler, on ne fait
que perdre. Il est si rare que l'on intéresse celui
à qui l'on raconte ses affaires ! Cette vérité, cepen
dant, est de celles qui s'apprennent très-tard.

*
* *

Plaignons les braves gens qui déclament
contre leurs ennemis devant des indifférents, en
s'imaginant que ceux-ci daigneront prendre fait
et cause pour eux.

*
* *

Une des sources d'erreur, chez les jeunes gens,
c'est l'idée qu'arrivés à l'âge d'hommes ils trouveront les choses toutes différentes de ce qu'elles
leur apparaissaient lorsqu'ils étaient enfants.
Dans leur candeur, ils les voient, en effet, plus
grandes, plus belles, plus difficiles qu'elles ne
sont en vérité. Quelques-uns, pourtant, tombent
dans l'excès opposé et se croient de force à tout
entreprendre avec succès. On dit d'eux qu'ils ne

doutent de rien. Les uns et les autres sont des naïfs. Il faut qu'ils apprennent à voir juste.

Les jeunes gens de la première catégorie embrassent une carrière en s'exagérant ses difficultés. Alors ils s'acquittent de leur tâche d'une manière maladroite et fausse ; ils ont des débuts ridicules. Ils s'y prennent comme un homme qui aurait devant lui l'imitation, en carton, d'un poids de cent kilogrammes et qui, pour le soulever, ferait un effort considérable, le croyant en métal.

Ceux de la seconde catégorie, au contraire, présument trop de leurs forces et se blessent en voulant soulever des poids trop lourds.

*
* *

Les jeunes gens succombent quelquefois à la tentation d'envoyer un spécimen de leur talent littéraire aux écrivains les plus en renom. Comme cela, de but en blanc, sans avoir été présentés ni même annoncés. Il va sans dire que, le plus souvent, le spécimen envoyé n'a pas la moindre valeur, surtout s'il a été composé exprès pour le grand homme auquel on l'adresse. Dans ce cas, en effet, l'émotion de l'auteur a fini de lui troubler la cervelle. Par bouheur, le grand homme jette presque toujours au panier le chef-d'œuvre de l'inconnu, sans l'avoir même parcouru. De sorte que le jeune écrivain ne reçoit même pas le conseil profitable que Voltaire donnait au perruquier André : « Faites des perruques, faites des perruques. »

Une de nos principales erreurs, quand nous entrons dans la vie, est de croire que nous allons être traités partout comme dans nos familles. Or, presque tout le monde est disposé soit à nous critiquer, soit à nous tourner en ridicule, soit à nous exploiter. C'est là un des côtés à la fois puérils, mesquins et féroces de la Société.

La naïve admiration des parents pour leurs enfants, prépare à ceux-ci de cruelles déceptions. La plupart des parents ont la faiblesse de juger leurs enfants extrêmement intéressants. Ceux-ci s'habituent à croire qu'ils le sont et transportent dans le monde cette conviction innocente et naïve. Ils s'imaginent aussi, dans l'ingénuité de leur cœur, qu'ils trouvent une nouvelle famille dans chaque famille qu'ils rencontrent. Un jour enfin ils s'aperçoivent de leur illusion ; et s'ils ne sont pas assez philosophes pour sourire de leur propre naïveté, ils tombent dans la misanthropie.

Il est facile d'observer que les hommes qui ont été élevés un peu rudement par leur famille réussissent mieux dans la vie que ceux que l'on appelle « des enfants gâtés ».

L'illusion dont on vient de parler est de nature, lorsqu'elle se perpétue, à faire manquer l'avenir de ceux qui la nourrissent. Non, le jeune homme qui entre dans le monde n'y est pas accueilli avec les sentiments de la famille. Il y est accueilli, en général, avec une secrète hostilité. — On ne fait allusion, ici, bien entendu, qu'au commun des hommes et non à ce qui en est l'élite par l'intelligence et par le cœur. — Au lieu de soutenir ses premiers pas, on se réjouit de ses chutes. Heureux si, ouvrant enfin les yeux, il s'aperçoit que son excès de confiance va le perdre à jamais. Il se débarrasse alors des lisières qu'il s'était données, et, marchant seul d'un pas solide et ferme, il s'occupe avec sûreté du soin de sa destinée.

*
* *

Le tort des hommes qui ont le cœur droit et qui sont portés aux sentiments affectueux, est de s'imaginer, dans leur jeune âge, qu'ils inspirent à autrui l'intérêt et la sympathie qu'ils lui portent. Si cette naïveté persistait, on serait voué au ridicule, à l'impuissance et à toutes sortes d'infériorités durant sa vie entière. Mais arrivé à l'âge adulte, il faut qu'on sache qu'il règne dans le monde un grand égoïsme doublé d'une profonde envie. Si l'on se pénètre bien de cette vérité et si l'on agit en conséquence, on est sauvé. Certes il ne faut pas devenir soi-même égoïste et envieux. Loin de là. Il faut, au contraire, se montrer supérieur à ses semblables en repoussant ces passions basses et odieuses. Seulement, on doit compter fort peu sur autrui et il est essentiel de s'en remettre presque uniquement à soi-même du soin de son avenir.

**

Quand on entre dans la vie, à vingt ans, on est naïf, crédule, ouvert, sincère, généreux, et l'on ne sait pas assez qu'il y a beaucoup d'hommes organisés tout autrement. Aussi que d'imprudences ne fait-on pas et de combien de coquineries n'est-on pas victime, jusqu'à ce que la réaction venant à s'opérer, vers un âge qui varie suivant les personnes, on tombe dans l'excès opposé, c'est-à-dire qu'on ne croie plus à la sincérité ni à la droiture de ses semblables. Ce sont ces deux extrêmes qu'il faut éviter. Et la tâche n'est pas aisée. L'idéal serait de rester soi-même bon, généreux, obligeant, désintéressé, de croire même (en principe) que les autres hommes sont tels, mais de ne faire fondement sur rien de leur part, dans la pratique des affaires, sans un contrôle anticipé.

**

Trop longtemps le jeune homme reste naïf et crédule. Trop longtemps il juge favorablement

des hommes fourbes et malveillants. Trop lon-
temps il se fie à des gens grosssièrement
malhonnêtes qui font de lui leur dupe. Il est
inattentif aux coquineries parce qu'il juge les
autres d'après lui et qu'il ne soupçonne pas la
duplicité, l'envie et l'amour du mal pour le mal,
ni même l'existence de la vengeance. Mais quand
il est mûri par l'expérience et par la réflexion,
il sait tout cela à fond et alors malheur aux
méchants.

§ 8. — DE L'ESPRIT

« A mesure qu'on a plus d'esprit, a dit
» Pascal, on trouve qu'il y a plus d'hommes
» originaux. Les gens du commun ne trouvent
» pas de différence entre les hommes. » (*Pensées,
Prem. part., art. X, pen. 1*). Par « les gens du
commun », Pascal entend ici les gens d'une intelligence ordinaire.

*
* *

On a dit : en France, l'esprit court les rues.
C'est sans doute pour cela qu'on le rencontre
si peu dans les salons.

*
* *

Le véritable esprit n'est pas où n'est point le bon-sens.

*
* *

Quelquefois on dit d'un homme « il est original », et l'on est presque tenté de le tourner en ridicule. C'est là pourtant sa supériorité sur les autres. Etre original, avec naturel, c'est avoir sa personnalité propre et un genre de mérite à soi. Un original doit s'attacher d'abord à se faire comprendre des gens d'élite.

Qu'est-ce qu'un original? C'est quelqu'un qui ne ressemble pas à tout le monde, qui a quelque chose de créateur. En peinture, l'original c'est la création. On copie l'original qui, lui, n'est la copie de rien. Un homme original est généralement supérieur aux « gens du commun », pour répéter la remarque de Pascal. Autrement, ceux-ci ne s'apercevraient pas qu'il diffère d'eux. Seulement, ils ne voient pas que c'est en dominant leur intelligence.

*
* *

Un homme spirituel n'est pas nécessairement un homme d'esprit. « Homme d'esprit » signifie, à proprement parler, homme de bon-sens, homme avisé. M. Thiers employait souvent cette expression, et, dans sa pensée « homme d'esprit » n'avait point la signification d'homme à saillies.

.•.

On ne naît pas malicieux. Aussi la plupart des personnes restent-elles assez longtemps sans être caustiques. Puis, les plus sages considèrent qu'ayant leurs ridicules, il ne convient guère qu'elles se moquent de ceux des autres. Plus tard, les mêmes finissent par se dire qu'on ne leur tient probablement aucun compte de cette réserve et qu'on se gausse sans doute de leurs travers. Et chacune conclut par ce raisonnement : « Qu'on raille tant qu'on voudra mes bizarreries ; le faisant, on ne tournera jamais qu'une seule individualité en dérision; moi, je conserve l'avantage de pouvoir rire de tout le monde. »

.•.

On est toujours à blâmer, quand on parle méchamment d'autrui. Mais enfin si l'on a la coupable faiblesse de critiquer son prochain, à coups de langue ou de plume, encore faut-il le faire avec esprit. C'est le faire sans esprit et lâchement que d'attaquer des personnes hors d'état de vous comprendre et de se défendre un peu.

.•.

On s'explique très-bien pourquoi les personnes disgraciées de la nature sont presque toutes malveillantes. Convaincues qu'elles sont l'objet des critiques d'autrui et qu'elles chercheraient vainement à empêcher qu'on ne les tournât en ridicule, elles n'essaient même pas de se concilier la sympathie de quelques amis en les épargnant. Elles s'excitent à la raillerie, échauffent leur verve caustique et, à force d'exercer cette faculté de leur esprit, arrivent à se créer une supériorité spéciale. C'est de là qu'est venu le proverbe : « Il est malin comme tous ceux qui sont marqués au B. » — On désigne ainsi : les bossus, les boiteux et les borgnes.

*
* *

Le nombre des sots étant infini et les réputations bruyantes se faisant souvent par eux, il est rare qu'un homme spirituel soit réputé tel s'il n'exerce pas son esprit contre son prochain. Les imbéciles et même des gens intelligents, n'appellent spirituel que l'homme médisant.

*
* *

Jeunes gens, ne perdez pas de vue que la plupart des hommes ont l'esprit très-médiocre. Ils s'attachent aux mesquineries, et les plus petites choses prennent à leurs yeux des proportions considérables. Gardez votre ampleur de vues, mais comptez, dans toutes les circonstances de la vie, avec l'étroitesse de conception des autres hommes.

*
* *

Il est rare que les hommes d'esprit ne soient pas tournés en ridicule par les sots. Dans les petites villes, ce sont, en général, les hommes supérieurs à ceux qui les entourent, qui sont traités de fous et d'*originaux* par ces derniers. Dans les régiments, il en est souvent de même. Larochefoucauld a dit : « Les esprits médiocres condamnent d'ordinaire tout ce qui passe leur portée ». Et Vauvenargues : « Les sots ne comprennent pas les gens d'esprit. »

*
* *

Il y a, dans le monde, un certain nombre de gens désœuvrés qui ont trop peu d'intelligence et une instruction trop insuffisante pour savoir s'occuper d'autre chose que des petites affaires de leur prochain. Les mêmes gens, quand les bases véridiques manquent, inventent des niaiseries ou forgent des calomnies sur le compte d'autrui.

*
* *

Qui dit fin dit faux. — Il y a des exceptions.

*
* *

Ceux-là ne sont pas des gens fins qui dessinent des sourires à intentions et qui prennent des airs entendus, mais ceux qui, sans affectation, observent, raisonnent et jugent d'un jugement solide et sûr, les hommes et les choses.

*
**

On vante les hommes fins et les gens malicieux. C'est manquer de finesse que de trop laisser voir qu'on en a. Quant à être malicieux, qui ne le serait ? Mais, le plus souvent, le jeu n'en vaut pas la chandelle, comme dit le proverbe.

*
**

Quelquefois on qualifie de maladroits des hommes qui dédaignent simplement d'être adroits, par la raison que l'adresse est souvent accompagnée de duplicité.

*
**

Si les bons comptes font les bons amis, les bons mots font les mauvais voisins.

*
**

Si vous avez de l'esprit, cachez-le avec soin devant les personnes susceptibles d'en être jalouses ; elles vous en trouveront davantage.

*
**

L'esprit fait souvent passer des choses insen-
sées, mais il est certain que le défaut d'esprit
empêche parfois de faire approuver des choses
raisonnables. Ainsi M. X... a voulu parler, dans
une haute assemblée (c'est en Roumanie, si l'on
veut) de l'utilité qu'il y aurait à enseigner l'art
culinaire dans les écoles de filles. Cette motion
a provoqué des rires ironiques presque unani-
mes. Cependant la même idée a été mise en
pratique depuis longtemps en Angleterre où
elle a produit d'excellents résultats. Si M. X...
eût été un homme d'esprit, on aurait peut-être
eu confiance dans sa proposition.

*
* *

C'est manquer d'esprit que d'en faire montre
devant des personnes qui ne sont pas en situation de le comprendre.

*
* *

Les hommes à idées élevées sont rares et l'on
ne s'imagine pas, à moins de les avoir examinés
de très-près et suffisamment fréquentés, combien
de gens haut placés ont des vues terre-à-terre.

*
* *

« On se persuade mieux, a dit Pascal, pour
l'ordinaire, par les raisons qu'on a trouvées soi-

même que par celles qui sont venues dans l'esprit des autres. » (*Pensées, prem. part., art. X, pens. X*). C'est pour cela que les habiles persuadent aux gens que les idées qu'ils leur suggèrent viennent d'eux-mêmes.

*
* *

Il est un certain nombre d'hommes qui poussent l'amour-propre jusqu'à ne pas montrer tout leur esprit en présence d'autres hommes plus haut placés qu'eux dans la hiérarchie sociale. C'est un tort. Si l'on devait attendre, pour révéler ses qualités, de n'avoir que des égaux, la plupart attendraient toute leur vie.

*
* *

Ce ne sont pas les plus mauvais esprits qui sont également attirés vers les études profondément sérieuses et les délassements ultra-badins.

*
* *

Ce qu'on appelle le *trait* jaillit quelquefois de la façon la plus inattendue d'un esprit considéré comme obtus ou éteint. Un paysan réputé fou dit un jour à un juge de paix qui ne voulait pas le laisser s'expliquer : « Ah ! je vous fatigue ! Eh bien! il ne fallait pas vous faire âne, si vous ne vouliez pas porter le bât ? »

§ 9. — DU TALENT

Quand un homme de valeur sait se servir de la parole et de la plume, il doit se consoler aisément de ne pas appartenir aux assemblées délibérantes, parce qu'il peut parfaitement se suffire à lui-même et rendre des services au pays et à l'humanité, dans tel milieu qu'il lui plait de choisir.

****

Une des manières de n'avoir pas de talent, c'est de ne point oser montrer celui qu'on a.

****

Il est déplorable qu'en général les hommes ne reconnaissent de talent qu'aux gens qui pensent comme eux.

****

On ne peut, généralement, admettre qu'un homme que l'on fréquente, que l'on coudoie, à chaque instant dans la rue, que l'on a connu enfant, ait un talent considérable en quoi que ce soit. On est tenté de s'écrier : « Comment ! un tel que je tutoie !... Ce n'est pas possible ! »

§ 10. — DU GÉNIE

« Dès qu'un vrai génie apparaît dans le monde, on peut le reconnaître à ce signe infaillible : tous les cuistres s'unissent contre lui ». (SWIFT).

*
* *

L'homme de génie est celui qui a des conceptions neuves, d'un ordre élevé, et réalisables.

*
* *

Le génie est au talent de ce que le généralissime est au simple capitaine.

*
* *

C'est quand on veut s'essayer à écrire qu'on s'aperçoit de la distance énorme qui sépare l'auteur de grand talent de l'écrivain médiocre. Lorsqu'on n'en a pas fait l'expérience, on ne peut se faire l'idée de cette distance. On a bien, jusque-là, manifesté son admiration pour tel ou tel génie dont on a lu les œuvres magnifiques ; mais c'était presque à la façon de celui qui rend justice à un ouvrier de mérite. Il semblait que l'on pensât que cet homme supérieur avait été heureusement inspiré d'entreprendre l'ouvrage sublime si merveilleusement traité, mais que maint autre, s'il avait eu la même inspiration, s'en serait tiré aussi avantageusement. C'est ainsi, par exemple, que l'individu que voilà, au lieu de se faire ébéniste, s'est fait forgeron et à parfaitement réussi dans cette profession, alors que, sans doute, il eût été un artisan aussi habile dans l'autre de ces états. Mais ce qui empêche absolument cette conclusion, c'est d'essayer de composer un écrit transcendant. Si l'on n'est pas aveuglé par une misérable et sotte vanité, on s'examine, on s'interroge, on observe ses facultés, et l'on est obligé de reconnaître que les hommes supérieurs sont très-rares et que les égaler est chose fort difficile.

*
* *

On croit volontiers qu'un homme intelligent est apte à s'occuper de n'importe quel objet, moyennant de l'étude et de l'application, bien entendu. Eh bien ! non. Un homme, aussi intelligent qu'on voudra le supposer, excellera dans une ou plusieurs branches, et sera au-dessous du médiocre dans mainte autre. Il faut, évidemment, réserver les exceptions. Mais les Voltaires sont rares.

*
* *

Les vrais hommes de génie savent se dépenser sans se gaspiller.

On s'étonne que les génies soient souvent incompris. Rien n'est plus naturel, pourtant. Il faut presque être soi-même un génie pour pénétrer les profondes conceptions des hommes de génie.

Pour prouver qu'on est un homme de génie, il n'est pas nécessaire d'employer un style extraordinaire. On a remarqué, au contraire, que les hommes qui avaient les pensées les plus profondes et les plus vraies, comme les Marc-Aurèle, les Pascal, les Larochefoucauld, les exprimaient de la façon la plus simple.

On entend souvent citer, comme une chose ordinaire, que telle ou telle personne a « une grande facilité d'assimilation. » Qu'on y prenne garde : c'est presque du génie. Qu'est-ce, en effet, que s'assimiler une chose ? C'est la faire sienne, c'est la convertir en sa propre substance, de même que le corps s'assimile la nourriture qu'il absorbe.

On ne se figure pas le nombre de gens qui se croient des êtres de génie, et voici pourquoi :

chacun s'imaginant qu'il est doué d'un esprit transcendant et que ses pareils sont très-rares, ses voisins lui paraissent des inférieurs et il n'a pas la pensée que lesdits voisins caressent pour leur propre compte la même illusion.

*
* *

Tout individu qui aspire à devenir un grand homme, ne le deviendra pas ; mais c'est déjà posséder le germe du génie que d'avoir la noble aspiration de s'élever à l'illustration.

*
* *

Celui-là mérite le titre d'écrivain de génie qui, tout en déployant le plus vaste talent littéraire, représente l'humanité sous sa véritable physionomie.

*
* *

L'érudition est très-respectable et il faut lui rendre tous les hommages qui lui sont dus ; mais enfin l'érudition n'est pas le génie. Tout le monde peut acquérir plus ou moins d'érudition, avec du travail et de la mémoire. Personne n'acquiert le génie. On l'apporte en naissant. Le génie est un don de la nature. L'érudition a plus de mérite, évidemment, mais le génie a plus d'éclat.

*
* *

C'est le propre des hommes supérieurs d'inspirer de grandes haines et de grandes sympathies.

*
* *

On assure que certaines étoiles s'éteignent et que leur lumière n'en arrive pas moins jusqu'à nous pendant une série d'années. Ainsi, des écrivains qui avaient brillé du plus vif éclat, perdent parfois leur génie ; mais ils émettent encore une lueur vacillante qui révèle qu'il y eût là un astre resplendissant.

DEUXIÈME ENTRETIEN

DE LA CULTURE INTELLECTUELLE

§ 1. — DE LA MÉTHODE

Descartes et quelques autres philosophes ont *recommencé*, dit-on, leurs études, à un âge relativement avancé. Ce n'est pas absolument exact, car ces esprits supérieurs ne pouvaient faire absolument abstraction des notions diverses qu'ils possédaient déjà. Ils ont contrôlé leurs connaissances acquises et pris la résolution d'apporter beaucoup de choix et de méthode dans l'acquisition de nouvelles connaissances. Ce système est si simple et si raisonnable, qu'on s'étonne de ne pas le voir mettre plus souvent en pratique.

On voit des hommes qui ne sont supérieurs à

d'autres hommes du même âge, ni par l'intelligence ni par l'instruction, distancer ceux-ci parce qu'ils sont doués d'une heureuse mémoire. Mais il est facile de les rattrapper en adoptant une bonne méthode pour la direction et l'accomplissement des travaux auxquels on s'est consacré.

*
* *

On dit couramment que la pratique dément très-souvent la théorie. C'est certain. Cela tient à ce que la théorie qui, de sa nature, est absolue, raisonne comme si les hommes étaient parfaits.

*
* *

La méthode et le bon ordre se confondent. Aussi un ordre quelconque est-il adopté, — pourvu qu'il soit régulier —, c'est l'application de la méthode. Il n'y a plus qu'à la suivre avec persévérance. Chacun peut adopter l'ordre qui lui convient, selon son caractère, son tempérament, sa tournure d'esprit, son genre d'instruction, etc., etc. Le principal est de ne pas dévier de la voie choisie, une fois qu'on y a délibérément pénétré. Tel embrasse un système simple, tel autre en suit un compliqué. Quel est celui qui a raison ? En principe, c'est le premier, mais il est des esprits qui ont une tendance naturelle à se plaire dans ce qui est compliqué ; ceux-ci ne peuvent être blâmés d'agir suivant leurs inclinations. Ce qui importe, c'est d'opérer avec logique et constance.

*
* *

Voici quelques conseils pratiques, très-sommaires, sur le choix d'une méthode :

Lorsqu'on a conçu l'idée d'un travail intellectuel, tracer son plan, coordonner ses idées et laisser à son cerveau le soin de se charger du reste ; puis s'occuper d'autre chose. Pendant ce temps, la tête accomplit son travail mystérieux et il arrive un jour où l'œuvre éclôt, en quelque sorte, d'elle-même.

Prendre un livre ; le parcourir d'un bout à l'autre, une ou plusieurs fois ; puis le lire avec soin ; puis s'attacher particulièrement à telle ou telle partie, à tels ou tels chapitres ; puis encore faire des extraits ; puis enfin apprendre « par cœur » les passages les plus remarquables, ou tout au moins se pénétrer, autant que possible, de leur sens.

*
* *

Quelquefois les ouvrages destinés à faciliter l'étude d'une science n'atteignent pas leur but, en ce sens que les recherches y sont difficiles ou incommodes, ou bien que leur style n'est pas

clair, ou enfin que leur substance est insuffisante.
Il faut alors se créer une méthode qui supplée
à la défectuosité du livre.

**

La Méthode permet de produire des ouvrages
savants avec peu de savoir.

§ 2. — DE L'ÉDUCATION

Par rapport à l'Homme, l'Education est,
d'après Littré, « l'action d'élever, de former un
enfant, un jeune homme ; l'ensemble des habiletés intellectuelles ou manuelles qui s'acquièrent, et l'ensemble des qualités morales qui se
développent. » C'est encore, d'après le même
auteur, « la connaissance et la pratique des usages du monde. »

Dans ce paragraphe, le mot « éducation » est
entendu de cette façon, sauf en ce qui concerne « les habiletés intellectuelles et manuelles »
qui feront l'objet du paragraphe intitulé : *De
l'Instruction.*

**

Les jeunes gens ne sauraient trop prendre de
bonne heure la résolution de juger de tout par
eux-mêmes. On raconte, nous l'avons déjà dit,

que Descartes recommença son éducation à trente ans. Il est temps de la recommencer à tout âge, si l'on s'aperçoit qu'on l'a reçue fausse. Certaines des personnes qui l'ont recommencée sont même mortes, de nombreuses années après, convaincues qu'elles ne l'avaient pas encore achevée. Et elles étaient dans le vrai, car, entre le peu qu'on acquiert, en fait d'expérience, durant le temps si court de l'existence, et ce qu'on aurait besoin d'acquérir, la différence est considérable.

On devrait, dans les familles, traiter les enfants comme on pressent qu'ils seront traités dans le monde, c'est-à-dire avec certains égards, mais non de manière à leur donner de fausses idées. Il arrive, au contraire, malheureusement, que l'on habitue les enfants à s'imaginer qu'on leur fera, dans le monde, le même accueil qu'on leur fait dans la famille, et qu'on leur trouvera les mêmes qualités que leurs parents leur attribuent, dans un funeste aveuglement. Ces déplorables prédispositions occasionnent aux jeunes gens de cruelles déceptions. Nous n'insistons pas ; cette remarque figure dans un autre endroit de ce livre.

Les personnes qui ne savent pas commander et qui s'efforcent de s'y façonner, adressent souvent des observations intempestives à leurs subordonnés. En sorte que parfois elles sont sévères sans nécessité et parfois tolérantes quand il ne le faudrait pas.

*
* *

Les personnes qui n'ont pas vu, dès leur enfance, des domestiques chez leurs parents, arrivent rarement à savoir les commander quand elles en prennent. De deux choses l'une : ou bien elles les brusquent mal à propos, ou bien, sans s'en apercevoir, elles s'abandonnent à un certain laisser-aller qui dispose les gens de service à la familiarité ou au relâchement.

*
* *

C'est en vain qu'une mère de famille élève ses filles aux soins du ménage, lorsque celles-ci sont d'une nature indolente. Dès qu'elles sont mariées ou libres, le naturel reprend le dessus et même la nonchalance se montre de nouveau avec d'autant plus d'intensité qu'elle avait été plus énergiquement combattue par la mère de famille.

*
* *

On a tort de cacher aux enfants arrivés à l'âge

de raison les crimes ou les fautes de leurs parents, ascendants et collatéraux. Cette ignorance les expose à parler, dans le cours de leur vie, de tel ou tel proche qui les couvre de honte, à leur insu.

**

Le genre d'éducation, la préparation à telle profession, l'habitude de telle carrière, produisent comme des espèces différentes dans le sein même de l'espèce humaine. Un artisan et un homme du monde, un professeur et un artiste, un prêtre et un militaire, un magistrat, un marchand, un propriétaire et un poëte, sont des êtres qui diffèrent entre eux, tout en étant absolument égaux quant aux caractères généraux qui constituent l'Homme.

**

Quand nous observons nos gros propriétaires campagnards, nous avons un aperçu de ce qu'étaient les seigneurs terriens d'autrefois, car ceux-ci n'avaient pas un autre genre de vie et ils avaient moins de facilités pour s'instruire et se façonner.

**

La distinction de manières ne s'improvise pas.

**

L'éducation civique se fait comme l'éducation intellectuelle et comme toute autre éducation.

§ 3. — DE LA POLITESSE

La politesse est le respect que l'on se témoigne dans la personne d'autrui.

*
* *

Il existe de nombreux ouvrages sur la politesse, et cependant le besoin se fait sentir d'un livre qui en formulât les principes. Ce ne serait point une niaise *Civilité puérile et honnête*, mais un écrit succinct, destiné à résumer les règles (peu nombreuses, au fond) qui doivent présider aux relations sociales. Ce petit code rappellerait les hommes au respect d'eux-mêmes et des autres.

*
* *

Il y a, dans la vie sociale, trois corvées principales : 1º subir la visite des fâcheux ; 2º répondre aux lettres des importuns ; 3º assister aux obsèques des indifférents. Mais la politesse fait une obligation d'accomplir ces corvées sans manifester de mauvaise humeur.

*
* *

Rien n'est absurde comme les visites et les cadeaux périodiques, car il est impossible qu'on soit, à point nommé, toujours d'humeur à faire un présent ou une visite.

*
* *

Dans le monde, les ignorants sont toujours tentés de dire « sauf votre respect » quand ils prononcent le mot *bégueule*. C'est sans doute à cause du son. Mais si l'on a peur de la résonnance *gueule*, il ne sera plus permis de dire « gueule de lion » ni de parler de « champ de gueules » en causant blason.

*
* *

Il n'y a pas lieu de se froisser lorsque certaines personnes auxquelles vous offrez la main ne la prennent pas. Chacun est libre de refuser l'aumône qu'on lui présente.

*
* *

Au point de vue des rapports sociaux, il faut prendre le ton du milieu dans lequel on se trouve. Par exemple, si vous êtes un penseur ou un moraliste et que vous entriez dans un salon où l'on ne parle que musique, il siérait peu de conserver une attitude méditative ou de changer le cours de la conversation pour traiter une question de philosophie.

*
* *

La politesse donne une large place au *convenu*. Il s'ensuit que les personnes du monde les moins souples de caractère sont tenues de se plier à des usages et d'employer des tours de langage que leur franchise n'approuve pas. Mais étant donné que c'est une convention et que chacun conserve, au fond, son quant-à-soi, rien de tout cela ne tire à conséquence. Ce qui est fâcheux, c'est que le *convenu* gagne peu à peu le domaine du sentiment et alors il frôle l'hypocrisie. Sur ce terrain, les cœurs loyaux se refusent à le suivre.

§ 4. — DE L'INSTRUCTION

« Les sens, a dit J.-J. Rousseau, sont les premiers instruments de nos connaissances. Avant d'apprendre à l'enfant à lire, il faut lui apprendre à voir. » Il faut, en effet, autant que possible, enseigner par les yeux. Il y a diverses sortes de mémoire et chaque sujet a sa mémoire spéciale ; mais le genre de mémoire le plus ordinaire est la mémoire *locale*, la mémoire *topographique*, pour ainsi dire. Presque personne n'est dépourvu de cette sorte de mémoire. Enseignons donc par les yeux. C'est d'ailleurs un système qui est en faveur, de nos jours, et il existe plusieurs méthodes ingénieuses et fort pratiques de ce genre d'enseignement.

*
* *

En matière d'instruction, il y a trois règles principales pour apprendre : observer, écouter et lire ; et deux pour enseigner : écrire et parler.

*
* *

Dans les siècles qui ont précédé le nôtre, il était plus aisé d'acquérir de l'érudition que dans celui-ci. A cette époque là, rien ne distrayait l'homme studieux de ses travaux intellectuels. Actuellement, on perd, malgré soi, un temps considérable à se mettre au courant des choses insignifiantes et souvent idiotes que produit la littérature du jour. C'est le principal inconvénient de la fécondité de la presse. Les classiques de notre temps, ce sont souvent, hélas ! les cancres littéraires. La liberté de la presse n'en doit pas moins être favorisée.

*
* *

Il serait à désirer qu'une pléiade d'écrivains très-autorisés, appréciés du public délicat, fondât un journal littéraire, intitulé par exemple, *Le Temple du Goût*, pour fixer la réputation des ouvrages. Différemment, avec la fureur que l'on a d'écrire, il sera impossible, dans cent ans, au milieu des montagnes de volumes publiés de nos jours, de discerner les bons ouvrages des ouvrages médiocres ou sans valeur.

*
* *

Il est louable par-dessus toutes choses de vouloir beaucoup savoir; mais plus le monde vieillit et plus l'humanité progresse, plus aussi apparaît la nécessité de circonscrire les études dans un cercle bien déterminé. A force d'étendre la sphère de ses connaissances, l'homme affaiblit nécessairement chaque branche de celles-ci, car il ne dispose que du même temps dont il disposait alors qu'il étudiait moins de matières diverses. Il est donc essentiel et urgent de remanier les programmes d'études, d'en dresser un général, à l'usage de tous les citoyens, et un spécial à chaque professsion, au point de vue pratique. Lorsqu'on fera ce travail, M. Clémenceau pourra, tout à loisir, expliquer ce qu'il entend par « l'instruction intégrale. »

Le programme destiné à tous les citoyens étant arrêté, il sera toujours permis aux personnes laborieuses d'augmenter la somme de leurs connaissances par des études supplémentaires.

*
* *

Dans les premières années des études, vers l'âge de dix à treize ans, par exemple, on devrait présenter aux jeunes gens les éléments de tout ce qui s'enseigne généralement, et, tout en donnant à tous des notions générales sur ce que l'on doit savoir dans la vie pour avoir une éducation convenable, activer les progrès de chacun dans les facultés pour lesquelles il a des dispositions marquées. De cette manière, on n'aurait pas ces programmes rigides, véritables lits de Procuste, dont toutes les matières doivent être également sues, à peine d'ajournement, et quelquefois d'ajournement indéfini. Les jeunes gens se spécialiseraient davantage et tout en conquérant des certificats d'études généraux sur les lettres et les sciences, ils seraient tenus de mériter des diplômes particuliers pour entrer dans telles ou telles carrières déterminées. Chaque carrière aurait alors son programme détaillé que les candidats ne seraient plus excusables de connaître superficiellement.

Il ne faut pas exiger de l'homme plus qu'il ne peut donner. La Mémoire a des bornes et d'ailleurs il est inutile de la surcharger de choses qui n'ont jamais d'utilité pratique. Par conséquent, le programme de l'Enseignement à tous les degrés doit être varié, car ses applications dans la vie sont diverses, mais il doit être sobre. De cette façon, les jeunes gens n'apprendront que ce qu'ils peuvent retenir, et leur esprit, débarrassé de matières forcément confuses parce qu'elles sont encombrantes, se sentira dispos, lucide et apte à des travaux soutenus et fructueux.

Souvent celui qui est interrogé connaît mieux dans leur ensemble les matières de l'examen que ses interrogateurs. Le tact le plus élémentaire commande à ces derniers d'être indulgents pour le candidat. La conscience même leur en fait un devoir. Enfin la modestie le leur ordonne. En effet, les examinateurs sont absolument maîtres de la situation, car ils ont la faculté de poser les questions que bon leur semble et de les faire porter sur des points qu'ils ont eu le loisir d'étudier pour la circonstance.

On suit, en certaines matières, une voie opposée à celle que l'on devrait suivre : on crée des facultés de Médecine dans des villes où il n'y a pas des éléments d'études suffisants. On devrait les créer ou les maintenir seulement dans les grands centres et faciliter le déplacement des jeunes gens et leur séjour dans ces centres. — Ce qu'on dit des facultés de Médecine, s'applique à toutes les grandes écoles où il est besoin de sujets d'étude nombreux et variés.

On donne pour raison à ces créations qu'il faut fonder, dans les villes déshéritées, des établissements qui attirent du monde, afin de favoriser le commerce. Une considération domine celle-là : il faut, avant tout, faire de bons élèves.

*
* *

Il y a l'instruction relative et l'instruction positive. Qu'est-ce que cela fait, par exemple, en allant au fond des choses, qu'un jeune homme ignore que Sésostris a existé ou même Démosthène ? Mais il n'est pas aussi indifférent qu'on sache ce que c'est que le système métrique et la locomotive.

Certaines productions de l'esprit, belles — on l'accorde — dans la forme, ne rendent aucun service à l'Humanité. De nos jours, il serait à désirer qu'il se rencontrât des poëtes nombreux qui entreprissent et menassent à terme des poëmes sur les Sciences, les Arts et l'Industrie. M. Sully-Prudhomme et une petite phalange d'amants des Muses, se sont engagés dans cette louable voie. Elle est ardue, mais ces vaillants écrivains n'ont que plus de mérite à triompher des difficultés qu'ils rencontrent. Espérons

6

qu'ils seront suivis et que leur groupe deviendra légion.

*
* *

Les élèves de l'Ecole normale supérieure, familièrement appelés normaliens, travaillent d'une façon toute spéciale les matières de l'enseignement. A ce point de vue, ils sont forcément supérieurs, surtout s'ils sont doués d'une mémoire heureuse, aux hommes qui ne se livrent pas aux mêmes occupations. Mais ce n'est pas l'étude qui donne le génie ni même le talent. Ceux-ci sont innés. Seulement, si l'entourage des jeunes gens naturellement bien doués les dirige vers les hautes études, il est incontestable que le travail joint aux bonnes dispositions naturelles, en fera des hommes remarquables.

*
* *

La faculté d'assimilation est tellement indépendante de l'instruction acquise, que, dans une conférence où se traitent des questions d'un ordre très-élevé, l'homme privé des bienfaits de l'instruction sera quelquefois celui qui comprendra le mieux l'orateur.

*
* *

Il n'est jamais trop tard pour quoi que ce soit, en matière d'études et de bonnes résolutions.

Certaines gens prétendent que, passé un certain âge, on n'est plus apte à apprendre, c'est-à-dire à s'assimiler intellectuellement quelque chose. L'esprit s'assimile ce qui est sa nourriture, comme le corps s'assimile ce qui est la sienne. Suivant l'âge, le corps et l'esprit s'assimilent les choses avec des différences de pouvoir absorbant, nous le voulons bien ; dans tous les cas l'un et l'autre absorbent jusqu'au dernier moment. Les acteurs, on le sait, apprennent des rôles nouveaux, jusque dans leur vieillesse.

*
* *

Il y a deux sortes d'éruditions : La première de bon aloi, qui consiste à citer à propos, dans le cours d'une harangue ou d'un écrit, des passages de divers auteurs ou des faits, soit historiques, soit scientifiques, pour appuyer la thèse qu'on soutient ; la seconde factice, dont l'étalage facile apparaît quand l'orateur ou l'écrivain puise à tort et à travers, dans maint ouvrage, pendant qu'il prépare son travail, des extraits mal digérés et cadrant gauchement avec son sujet, afin d'en forcer l'emploi comme au moyen d'une massue.

*
* *

Les citations qu'on trouve dans un livre ne

prouvent pas toujours qu'on a la mémoire meublée d'emprunts nombreux aux différents auteurs. Si elles sont faites à tort et à travers, elles prouvent que l'auteur a voulu éblouir et tromper le lecteur par un faux savoir, ou qu'il manque de jugement. Si elles sont faites à propos, elles révèlent chez l'écrivain un coup d'œil sûr et cette qualité appelée le flair, qui consiste à mettre la main sur le passage d'un auteur qui lui était nécessaire.

.

On se préoccupe de perfectionner l'instruction des jeunes gens qui, au sortir de l'école primaire, vers leur treizième ou quatorzième année, se dispersent dans les ateliers pour y rester jusqu'à dix-huit ou vingt ans, avant de *passer* ouvriers. Ces jeunes gens sont exposés à une perversité précoce. Ils ont bien les cours d'adultes à leur disposition ; seulement, ce n'est hélas ! que la minorité qui consent à profiter de ce bienfait. Peut-être ces cours ne sont-ils pas toujours assez attrayants. Il semble par conséquent, qu'on devrait chercher, avant tout, un mode d'enseignement qui captivât l'attention de cette intéressante jeunesse.

Les enfants et les jeunes gens, jusqu'à vingt ans, ont l'esprit si mobile, qu'il est extraordinaire de pouvoir le fixer pendant quelques heures, chaque jour. Aussi les personnes qui s'occupent d'instruire la jeunesse, ne sauraient-elles trop s'attacher à rendre leurs leçons attrayantes, car, ce que l'on apprend sans fatigue se grave dans la mémoire sans effort.

En outre, il ne faudrait pas qu'on prît aux élèves plus d'une heure et demie par soirée, y compris les minutes absorbées par les mouvements de l'entrée au cours et de la sortie. Les jeunes ouvriers et apprentis qui ont déjà consacré six, sept, huit heures de la journée et davantage à des occupations manuelles, se lassent de se livrer encore, le soir, à de nouveaux travaux, ceux-ci fussent-ils absolument intellectuels.

Il serait sage, également, de ne pas exiger la présence des jeunes gens de douze à dix-huit ans, aux cours du soir, plus de quatre ou cinq fois par semaine. Le temps profite mieux à l'instruction quand il est employé à propos. Trop d'assiduité fatigue et dispose mal à l'attention soutenue.

D'ailleurs, en exigeant moins, on obtiendra davantage, car il demeurerait entendu que les jeunes gens qui voudraient ne pas manquer un seul cours, seraient toujours admis à y assister. Maintenant, la loi devrait décider que les

enfants, dans les manufactures, et le jeunes
ouvriers et apprentis, dans les ateliers, auraient
une demi-heure de liberté de plus, le matin et
l'après-midi, pour consacrer ces moments à
leurs études. Ce ne serait pas du temps perdu
pour les patrons, car s'ils savent attacher ces
jeunes gens à leurs maisons, pour l'avenir, leur
degré d'instruction profitera à l'usine ou au magasin.

Dans les salles de classes, il n'y a pas toujours
assez d'espace pour placer des cartes murales.
D'un autre côté, chaque élève ne peut avoir un
atlas, à cause de son prix. Il conviendrait, peut-
être, que l'on construisît des cylindres sur lesquels on adapterait tour à tour les différentes
cartes à étudier. Ces cylindres pourraient être
posés sur un pied autour duquel les élèves vien-
draient se grouper. On aurait soin de leur donner
un assez grand diamètre, pour que le pays à développer ne fût pas déformé au point de donner
aux enfants de fausses idées sur sa configuration
topographique.

Il arrive souvent que les parents, par une économie mal calculée, mettent entre les mains de
leurs enfants des ouvrages vieillis ou incomplets.

Avec ces outils défectueux, on fait un mauvais apprentissage.

Si vous vous apercevez que vos parents négligent l'acquisition des instruments de travail (livres, compas, cartes) dont vous avez besoin, que ce soit par avarice, économie mal entendue, ignorance, même quand c'est par pauvreté, donnez-vous du mouvement jusqu'à ce que vous obteniez satisfaction. Il se rencontrera toujours quelque ami de l'instruction qui viendra à votre secours, si c'est l'indigence qui cause votre privation.

*
* *

On se moquait naguère de ceux qui ne savaient lire que dans leurs livres. Il est certain, cependant, que l'homme d'étude travaille bien plus aisément et avec beaucoup plus de goût quand il se sert des volumes qui lui sont familiers. Aussi serait-il à désirer que l'on permit aux jeunes gens qui subissent des examens, d'apporter, pour les traductions orales, les livres auxquels ils sont habitués. Craindrait-on que des traductions interlinéaires ou des annotations marginales ne les aidassent trop largement ? Ce serait puéril; un jury d'examen intelligent saura toujours démêler quels sont les candidats qui ont une vraie valeur. Enfin, rien ne serait plus facile pour l'examinateur que de jeter un coup

d'œil sur la page destinée à être traduite ou com-
mentée, afin de vérifier si elle n'est point pré-
parée.

•.•

Il est temps d'être pratique. On va au collége
pour s'instruire, et l'on s'instruit pour faire la
meilleure figure possible dans le monde. Mais
on se propose d'appliquer, dans la vie, les notions qu'on a puisées à l'école. Or, de nos jours,
par l'obligation de lire les journaux (obligation
passée dans les mœurs), par la nécessité de se
mettre au courant de tout, par l'immixtion aux
choses de la politique, imposée à chacun, la
connaissance de l'histoire du xixe siècle est
indispensable.

L'étude de la géographie, mais de la géographie comprenant l'indication des industries
exercées dans les divers pays, l'énumération de
leurs produits, le tableau de leurs mœurs, la
description de leur état politique, est également
de première nécessité.

Si l'on pousse plus loin ses études, la langue
grecque mérite un soin particulier. Non seulement le grec n'est pas difficile, mais même
il est assez facile. On n'a point besoin d'être
doué d'une mémoire puissante pour le retenir,
et ses radicaux, ainsi que ses particules, qui
favorisent la combinaison des mots, en font un

idiome méthodique dont l'usage s'impose aux définitions scientifiques.

On peut dire qu'il n'y avait que les petits pédants de collége qui proclamassent le grec une langue *diabolique*. Encore n'étaient-ce pas les fils de gens instruits, mais ceux qui, peu respectueux pour leurs pères ignorants, cherchaient à les éblouir et à se faire valoir en exagérant devant eux des difficultés apparentes que les caractères particuliers de l'écriture hellénique semblent, en effet, accentuer.

Il est des professeurs qui ont toujours l'air ennuyé, qui enseignent mollement, et qui semblent constamment préoccupés de voir arriver la fin de la classe ou de la leçon. Ce n'est pas ainsi qu'il faut être. Celui-là qui ne se sent point animé d'un dévouement réel et profond, ne mérite pas l'insigne honneur d'instruire la Jeunesse.

* *
*

Beaucoup de parents encouragent la tendance naturelle de leurs enfants à la paresse, en manifestant devant eux la crainte que l'excès de travail ne compromette leur santé. L'excès, c'est évident. Mais entre l'excès et une activité sagement réglée, il y a un sensible écart. Loin d'être nuisible, l'activité cérébrale fortifie probablement le cerveau, lorsque ses éléments constitutifs sont suffisamment formés. Elle fortifie même le corps tout entier, car le cerveau, centre nerveux et origine du mouvement de nos organes, a pour fonction d'imprimer à l'ensemble de notre être l'impulsion vitale.

**

Un homme né de parents riches, qui est ignorant, mérite le plus profond mépris, à moins que sa constitution physique et intellectuelle ne lui ait pas permis de s'instruire.

**

En France nous avons le tort de trop mettre le savoir en coupe réglée. Tout homme est coté suivant les diplômes qu'il a en portefeuille, ni plus ni moins qu'une valeur de bourse. Il y a des docteurs en droit âgés de vingt ans. Or, les Pic de la Mirandole sont rares. A vingt ans, il n'est guère possible d'avoir les connaissances acquises et l'expérience nécessaires pour faire un véritable *docteur* en droit. Tandis qu'à quarante ans, un simple huissier, s'il a toujours été laborieux et réfléchi, pourrait en remontrer à certains agrégés.

**

Les diplômes sont les étiquettes des cases de la mémoire.

*
* *

Les diplômes sont des parchemins qui ne servent souvent qu'à classer les médiocrités entre elles.

*
* *

Nous ne sommes pas toujours très-logiques, en France. En effet, nous reconnaissons trois degrés dans l'instruction : l'instruction primaire, l'instruction secondaire et l'instruction supérieure. Mais il semblerait conséquent que les individus réputés avoir une instruction *supérieure*, possédassent l'instruction secondaire et l'instruction primaire. Or, il arrive, hélas ! très-souvent, qu'un homme pourvu du diplôme de docteur, ignore des choses que connait le plus modeste instituteur.

*
* *

Si les grades universitaires ne prouvent pas toujours le savoir, ils constituent du moins une présomption légale qui ne permet pas de soutenir la contradiction.

*
* *

Il faut certainement un contrôle des études. Il faut encore que ce contrôle soit exercé par l'Etat. Mais il est fâcheux qu'on soit, en quelque sorte, dans la nécessité de choisir les hommes par catégories, suivant leur degré *officiel* d'intelligence et d'instruction. Aussi ne faudrait-il pas que les épreuves pour obtenir les grades universitaires durassent à peine quelques heures. Il conviendrait qu'on fût tenu de faire une année de stage dans un établissement scolaire de l'Etat. Pendant ce laps de temps, chaque sujet aurait la latitude de se faire connaître et apprécier, à tous les points de vue; tandis que les épreuves, telles qu'elles sont imposées aujourd'hui, ne prouvent pas toujours ce qu'elles sont censées prouver. Souvent les plus intelligents et les mieux préparés, paraissent ignorants parce que le trouble qui les envahit, dans ces moments-là, paralyse leurs plus précieuses facultés. Les moins intelligents sont même parfois ceux qui brillent davantage

A l'expiration de l'année qui semble nécessaire à la saine appréciation des capacités d'un jeune homme, il serait délivré à tout impétrant qui s'en serait rendu digne, un certificat de bonnes études, soit littéraires, soit scientifiques. Encore serait-il à désirer que toute bifurcation fût supprimée ; mais cette question exigerait d'être soigneusement étudiée et convenablement développée.

On pourrait objecter que ce système augmenterait la durée des études classiques d'une année. Pas précisément, car ce délai serait employé à acquérir quelques connaissances nouvelles et à consolider l'ensemble de celles acquises antérieurement.

* *
*

Chacun a la faculté de se tracer un plan d'études en établissant un ordre de préférence entre les branches du Savoir qu'il se propose de cultiver. L'auteur de ce livre expose ci-dessous celui qu'il croit convenir à la généralité des personnes qui n'étant point obligées, par profession, d'approfondir une ou plusieurs spécialités, mais ne voulant pas, d'un autre côté, s'en tenir à des connaissances absolument superficielles, désirent acquérir, dans les principales branches du Savoir humain, des notions assez sérieuses.

Nous supposons un homme d'étude, non un de ces infortunés compilateurs, blémis sur les livres, mais un travailleur de la pensée, alliant un solide savoir à des goûts artistiques et à l'amour des plaisirs licites.

Voici ce plan, avec les raisons qui militent en sa faveur :

Bibliographie. — Il est essentiel d'être constamment au courant des publications qui se font, afin de se procurer les ouvrages les meilleurs et les plus récents sur les matières qu'on étudie. Il existe un recueil qui paraît périodiquement, appelé *Polybiblion*, ainsi que des bulletins bibliographiques contenant toutes les indications utiles.

Plusieurs sociétés ou particuliers ont organisé, également, des librairies encyclopédiques où l'on trouve tous les livres désirables : la *Bibliothèque nationale* ; la *Bibliothèque Philippart* ; la *Nouvelle bibliothèque classique*, rayon de la *Librairie des Bibliophiles* ; et mainte autre.

Un éditeur d'un grand mérite, M. Edouard Rouveyre, a composé les *Connaissances nécessaires à un bibliophile*. Il publie tous les mois les *Miscellanées bibliographiques*.

Ces bulletins et ces guides facilitent aux personnes studieuses le choix des livres dont elles ont besoin.

Journaux et Revues. — Il convient de s'abonner à un journal et à une revue traitant des objets dont on s'occupe habituellement.

Abordons maintenant les chefs d'études.

Sciences. — On met en tête l'étude des sciences, parce que les sciences font tous les jours d'immenses progrès et qu'il est devenu obligatoire de pouvoir soutenir une petite conversation sur ces sortes de sujets.

Histoire et Mémoires. — La lecture de l'Histoire est aussi attrayante que celle des romans les plus intéressants, lorsqu'on sait choisir ses auteurs. Elle procure, en même temps, de solides connaissances. Celle des *Mémoires* écrits par les personnages historiques importants, ou en leur nom, quoique ne portant pas toujours le sceau d'une absolue véracité, orne l'esprit de notions utiles et très-souvent amusantes. Malgré la partialité et la vanité qui les déparent trop fréquemment, les *Mémoires* méritent plus de considération que les romans, parce qu'ils contiennent un plus grand fond de vérité ; et leur lecture est très-souvent tout aussi attachante.

Littérature et Beaux-Arts. — Sous ce titre, on entend comprendre tout ce qui est créé ou mis en œuvre par l'Intelligence de l'Homme. Il embrasse implicitement la Critique littéraire, l'Art d'écrire, l'Art oratoire, la Sculpture, la Peinture, la Musique, l'Ameublement, etc.

Philosophie. — Chacun a le champ libre pour cultiver le système qui est honoré de ses préférences.

Philologie. — La Philologie contient, comme la Littérature et les Beaux-Arts, un nombre considérable de divisions et de subdivisions. Linguistique en général, Épigraphie, Langues mortes et vivantes, Grammaire comparée, etc., etc. Mais, on l'a fait entrevoir, au début, le programme qui se déroule ici n'est point proposé dans son entier. La tâche serait au-dessus des forces de quiconque l'entreprendrait. Ce vaste programme a pour but de faciliter la formation de programmes particuliers. C'est un champ immense où chaque personne peut se découper un jardin à cultiver. Seulement, dans le labyrinthe de la Science, il est bon qu'un fil conducteur soit mis entre les doigts de l'explorateur. C'est ainsi que ce tableau méthodique est de nature à guider le choix des gens, en les préservant de l'effarement qu'occasionnerait à leur esprit l'amas confus des connaissances humaines.

Éducation, Instruction. — Celui qui veut s'instruire doit se tenir au courant des méthodes et des découvertes nouvelles qui concernent l'Instruction et l'Éducation.

Droit, Législation, Jurisprudence, Doctrine. — Il existe un adage, discutable au fond, mais inébranlable en fait : *Nul n'est censé ignorer la loi.* C'est donc une nécessité d'étudier (au moins sommairement) les lois et leurs interprètes.

Économie sociale et politique. — A notre époque, des questions graves, multiples, et, en même temps, très-attachantes, sont agitées à propos des réformes sociales ; par conséquent, tout le monde a intérêt à suivre du regard ce mouvement.

Politique. — Ce titre embrasse l'*Administration*. Il n'est pas besoin d'insister. Tout bon citoyen a souci de se renseigner, au jour le jour, sur les actes du Gouvernement et de ses subordonnés.

Géographie comprenant les *voyages*. — On a placé ce chef d'étude le dernier, bien qu'il soit plein d'intérêt, par la raison qu'il s'exerce sur des objets éloignés de nous, pour la plupart, et qu'il est sage à l'homme de s'occuper d'abord de ce qui le touche de plus près.

Tels sont les sujets d'études énumérés dans l'ordre que l'on croit le plus logique. Mais si l'on se compose une bibliothèque, il sera convenable d'adopter l'ordre alphabétique eu égard aux grandes divisions du programme. Ainsi, on donnera pour titres aux rayons ou travées ceux du grand programme tracé ci-dessus ; seulement, on commencera par le *Droit* et l'on terminera par les *Sciences*. Puis, dans le sous-classement, on rangera les volumes de chaque rayon ou travée de la façon qu'on jugera la plus commode pour effectuer des recherches.

Lorsqu'on a choisi, pour tous ses chefs d'études, des ouvrages, des albums ou atlas et des instruments dont on est pleinement satisfait, on doit s'en tenir à ceux-là. En ce qui touche les livres, les albums, les atlas, cette habitude facilite considérablement le travail, parce que la mémoire *locale* est un très-précieux auxiliaire. Et les enfants qui n'aiment à lire que dans leurs

livres ne sont pas aussi maladroits que les gens
qui se moquent d'eux.

*
* *

Beaucoup de bons esprits sont d'avis, comme
J.-J. Rousseau, qu'il faut faire apprendre une
profession manuelle aux jeunes gens, même à
ceux que l'on destine aux carrières dites libérales.
Outre les raisons d'hygiène qui viennent à l'appui
de cette opinion, surtout à une époque où l'on
encourage la gymnastique et les exercices du
corps, il en est une tirée des idées égalitaires
si acréditées aujourd'hui, à juste titre.

*
* *

En général, les gens qui savent peu, savent
bien le peu qu'ils savent.

Nous autres gens instruits, nous avons appris
tant de choses que nous les savons toutes mal.

*
* *

Il n'est pas étonnant que les ignorants soient
prétentieux. Le peu qu'ils savent leur semble
immense, parce que n'en sachant pas davantage
ils s'imaginent qu'il n'y a rien au-delà.

*
* *

On entend quelquefois dire d'un homme qu'il

est « prodigieusement instruit. » Il faut l'être bien peu soi-même pour employer cette expression. Aussi instruit que soit un individu, son instruction est fort limitée, car l'être humain ne peut apprendre et retenir, durant le cours de sa frêle existence, qu'une somme assez restreinte de connaissances.

*
* *

Quelqu'un disait : « S'il m'arrivait deux cent mille francs de rente, je ne modifierais presque rien à la simplicité actuelle de ma vie ; mais je voudrais m'entourer de cinq ou six savants auxquels je donnerais une indemnité annuelle considérable et qui vivraient toujours avec moi. Nous formerions un petit Port-Royal mondain. »

*
* *

Il n'y a rien de honteux à ne pas savoir ce qu'on n'a pas été mis en situation d'apprendre. La honte est encourue lorsqu'il a été constaté qu'il y a paresse ou négligence. Ainsi un haut fonctionnaire peut être pris en flagrant délit d'ignorance sur un point de son service, même important, sans mériter d'être taxé d'ineptie ou d'incurie. Les emplois sont si chargés de détails que le plus intelligent, le plus laborieux, le plus attentif des hommes en place est exposé à être pris au dépourvu.

§ 5. — DE LA CONNAISSANCE DE SOI-MÊME

La chose de la vie la plus importante et la plus difficile est de se connaître soi-même. Se tromper sur ses qualités morales et sur ses aptitudes intellectuelles est un malheur immense. Beaucoup d'hommes manquent leur existence pour avoir suivi des voies qui demandaient des vertus et des talents qu'ils n'avaient pas ; d'autres la manquent, quoique pourvus de talents réels, pour avoir embrassé des carrières où ces talents n'avaient point leur emploi. Quant aux autres vertus de toute nature, elles sont précieuses dans toutes les situations de la vie ; mais à elles seules, elles ne rapportent ni gloire ni profit.

Si une foule d'hommes sont médiocres dans les carrières qu'ils suivent, cela tient à ce que, très-souvent, on embrasse une profession sans avoir pour l'exercer le goût et les aptitudes nécessaires. Tout homme arrivé à l'âge où l'esprit délibère et se rend compte des choses, devrait hardiment se lancer dans les travaux vers lesquels il se sent le plus porté.

Lorsque vous réussissez dans une spécialité qui n'est pas votre métier, quittez résolument celui-ci.

Commencez par vous former une opinion sur votre aptitude à *produire*; puis examinez quel est votre genre d'aptitude à *retenir*, car les uns retiennent les mots mieux que tout le reste, les autres la configuration des lieux, d'autres encore les faits, d'autres enfin les idées. Mais, encore une fois, il faut commencer par se connaître soi-même. « Je m'estudie plus qu'aultre subject », disait Montaigne.

On peut y arriver, d'une manière suffisante, par la méthode suivante. Au lieu de se plonger dans les profondeurs de la méditation, pour sonder les replis de son âme, il est plus facile d'étudier son *Moi*, d'après ses manifestations extérieures. Ainsi un jeune homme qui noterait soigneusement, pendant un certain temps, les faits un peu importants de son existence, avec les circonstances qui les ont entourés, parviendrait, en relisant cette sorte de journal, à réaliser la prescription des anciens : « connais-toi, toi-même ».

Il est peu d'hommes arrivés à la célébrité qui aient tracé une petite revue rétrospective de ce qu'ils étaient, à tous les points de vue, dans leur jeune âge, en remontant aussi loin que leur mémoire le permet. Les uns trouvent que ce soin est indigne d'eux ; d'autres considèrent qu'un pareil examen manque d'utilité ; la plupart ne le font pas, par excès d'amour-propre. De la quinzième à la vingt-cinquième année, on est, en général, si niais, si ridicule, si vaniteux ! On consent bien à publier ses confessions, à partir de ses vingt-cinq ans. Mais les naïvetés idiotes de la période qui précède, on les cache soigneusement. On n'est ni franc, ni courageux. Que l'on ne parle pas de soi, rien n'en fait une obligation ; mais si l'on annonce que l'on va raconter sa vie, afin qu'elle serve d'enseignement aux autres, qu'on la dévoile tout entière !

Il semble qu'on ne devrait point hésiter à se discuter soi-même et à critiquer sévèrement ses défauts. En y réfléchissant bien, on ne comprend pas, vraiment, qu'on se gêne plus avec soi qu'avec autrui. Pourquoi, en effet, s'épargner alors qu'on n'a rien à gagner et beaucoup à perdre en le faisant ? A-t-on peur de se faire un ennemi de sa propre personne ?.,... Imitons donc ces moines qui se traitent physiquement comme nous n'osons pas nous traiter moralement, et qui, dit-on, domptent leur chair en la flagellant.

*

Quand un homme se sent supérieur par l'instruction ou par les capacités à ceux qui l'entourent, il doit, laissant un moment la modestie de côté, se résoudre à leur faire comprendre sa valeur. En effet, les hommes d'une portée intellectuelle relativement inférieure, se rendent difficilement compte par eux-mêmes du parti que l'on peut tirer des personnes de mérite, et la marche générale de l'Humanité en est retardée.

* *
*

On a fondé une société d'autopsie mutuelle. Soit. Mais on devrait fonder une société d'autopsie *morale* mutuelle ; ses membres s'avertiraient réciproquement des défauts qu'ils reconnaîtraient les uns chez les autres. Par malheur, ce vœu est destiné à demeurer stérile.

* *
*

L'examen du visage et de l'*habitus corporis* d'une personne est tellement utile à la connaissance de ses aptitudes, de ses instincts et de ses tendances, que l'impossibilité où chacun se trouve d'observer son propre extérieur, est peut-être un des empêchements à se connaître soi-même.

* *
*

Faute de se connaître eux-mêmes, bien des jeunes gens commettent des maladresses qui parfois, brisent à jamais leur avenir.

* *
*

Un des principaux avantages dont bénéficient les hommes célèbres, c'est de pouvoir, à l'aide des journaux, savoir le bien et le mal que l'on pense d'eux, et, par conséquent, apprendre plus sûrement à se juger eux-mêmes.

*
* *

Celui qui avoue ne pas connaître du tout le cœur humain n'a jamais sondé le sien , car dans chaque cœur il y a le germe de tous les vices et de toutes les vertus. Heureuses et dignes d'éloges sont les personnes qui ne laissent se développer en elles que les germes des vertus.

§ 6. — DE L'ÉGALITÉ D'AME.

Il est nécessaire de prendre son parti de tout avec tranquillité.

*
* *

Une des plus grandes forces dont on puisse disposer, c'est d'accepter avec calme les pertes pécuniaires et les mécomptes de toute espèce.

*
* *

Celui-là possède un grand avantage sur beaucoup d'hommes qui, tout en aspirant avec ardeur à être quelque chose, se console facilement de n'être rien. Cette disposition d'esprit n'est pas entachée de contradiction ; elle révèle de l'énergie, du stoïcisme et une saine appréciation de l'inanité des choses humaines.

*
* *

La condition normale de l'homme est de vivre et de mourir obscur.

*
* *

Une nature bien organisée s'accomode, sinon indifféremment du moins très-volontiers, de la médiocrité, après avoir joui du luxe ou des honneurs.

*
* *

Si l'on n'était point philosophe et si l'on ne se souciait pas plus de l'appréciation des imbéciles et des coquins que des neiges d'antan, on serait quelquefois bien malheureux en voyant interpréter bêtement ses actes, ses paroles et jusqu'à ses pensées les plus secrètes, au rebours de la réalité.

*
* *

Le comble du bien-être pour celui qui connait les hommes, est de posséder une fortune suffisante pour continuer à les observer sans préoccupation aucune. Mais la conscience lui commande précisément de sortir de sa quiétude afin de travailler à empêcher ses semblables de commettre des sottises.

*
* *

Il est étrange de voir combien les hommes, en général, redoutent peu la venue de la mort, eux qui pourtant tiennent à la vie. Celle-ci produit sur leur esprit le même effet que l'argent emprunté sur celui des personnes apathiques ou bornées qui se figurent le posséder en propre et ne songent jamais à l'heure de l'échéance.

*
* *

Quand on voit une foule nombreuse, on s'explique (sans l'approuver, assurément) le sentiment des grands conquérants qui n'ayant de l'attachement presque pour personne, sacrifient des masses d'individus avec indifférence.

*
* *

Il faut se pénétrer de cette vérité que chaque homme a peu d'amis particuliers, aussi répandu qu'il soit dans le monde. En effet, en France, par exemple, pays de trente-cinq millions d'habitants environ, le citoyen qui a mille connaissances intimes est certainement introuvable. Par conséquent, nul ne doit se préoccuper des individualités, lorsque les circonstances l'amènent à prendre part à la solution d'une question d'intérèt général. — On suppose, bien entendu, que la conscience et la probité ne sont pas en jeu. — A plus forte raison, si le citoyen est un homme d'Etat. D'où la règle : il faut être un ami dévoué, mais indépendant, pour le petit cercle de ses relations ; un philanthrope ardent, si l'on se place en face des besoins de l'Humanité ; un philosophe théoricien si l'on est homme d'État.

§ 7. — DE L'ÉGALITÉ ENTRE LES HOMMES

L'égalité n'est troublée, à notre époque, que de trois façons : au point de vue de la fortune pécuniaire, des différences de niveau intellectuel et du degré d'instruction.

L'inégalité résultant de la fortune s'atténuera, par la suite, dans une certaine mesure, sous l'influence de sages réformes.

L'inégalité résultant du degré d'instruction diminuera sensiblement lorsque la facilité de s'instruire, déjà considérable, sera plus développée encore. En tout état de cause, il est cruel et niais de tourner en ridicule les personnes qui sont ignorantes sans qu'il y ait de leur faute.

Quant à l'inégalité de niveau intellectuel, il ne dépend de personne de la faire cesser. Mais personne n'a le droit de se vanter de l'emporter sur autrui, à cet égard, car chacun se croit supérieur à son voisin et nul ne peut rendre sur cette matière un jugement infaillible.

*
* *

Tout en reconnaissant et en proclamant bien haut l'égalité civile et politique de tous les citoyens, il est impossible de ne pas constater que certains particuliers et même certaines catégories de personnes, dans leur ensemble, ont le cœur moins bien placé que d'autres. L'égalité réelle ne pourrait donc, dans tous les cas, être qu'extérieure. Existe-t-elle sous cet aspect ? Ayons le courage de déclarer que non, et convenons que l'égalité absolue n'est pas dans la nature. Les uns sont plus beaux que les autres, ou plus grands de taille, ou plus intelligents, ou d'un meilleur caractère, etc., etc.

Il y a aussi la question de culture intellectuelle. Il est incontestable que telle personne qui a passé sa jeunesse à étudier, a une valeur plus grande que telle autre qui s'est laissée croupir dans l'ignorance. L'égalité, comme on doit raisonnablement l'entendre, consiste donc dans le droit qu'ont tous les citoyens d'être traités par la loi de la même façon, au point de vue de leurs intérêts moraux et matériels.

Non, l'ignorant n'est pas l'égal du savant, le

faible du fort, le laid du beau, le rachitique de l'athlète, le lâche du vaillant.

L'égalité, telle que la conçoivent la Philosophie et la Philanthropie, consiste dans le droit qu'ont tous les hommes d'être traités pareillement devant la loi.

* *

Il est matériellement impossible que l'égalité soit absolue. Elle n'est jamais que l'expression d'un rapport et c'est par cela même qu'elle est l'égalité.

* *

Il est incontestable que l'homme qui a de l'instruction n'est pas en toutes choses l'égal de l'ignorant. Il lui est supérieur, au point de vue intellectuel. Et l'ignorant n'a pas le droit d'en être jaloux. Il doit seulement se dire : « tant mieux pour lui, puisque la destinée, que personne ne peut diriger ni punir, l'a mieux favorisé que moi. » Heureusement, cette réflexion pourra un jour se modifier ainsi : « tant pis pour moi, » puisqu'on a mis à ma disposition des moyens » commodes de m'instruire et que je n'ai pas » voulu en profiter. »

* *

Il faut combattre la tendance de certaines

personnes appartenant aux classes populaires (pour employer l'expression adoptée) qui les porte toujours à comparer leur situation pécuniaire à celle d'autres citoyens, à tout propos et très-souvent hors de propos. Vous avez, par exemple, à traiter une affaire pour la première fois, avec un ouvrier ou un paysan ; si vous ne vous mettez pas immédiatement d'accord avec lui, il vous dira : « c'est parce que vous êtes plus riche que moi que vous me parlez ainsi, ou que vous marchandez, ou que vous critiquez mon travail. » — Et que de fois celui qui est traité de « riche » a moins d'aisance que son interlocuteur !

Les personnes du peuple (toujours pour employer l'expression en usage) ne veulent pas, non plus, admettre qu'on leur tienne tête dans une discussion quelconque. « C'est parce que vous êtes riche, c'est parce que vous êtes un aristocrate, que vous me contrariez ! » Voilà l'argument qu'elles vous opposent tout de suite. N'est-ce pas là, au contraire, de leur part, un agissement véritablement aristocratique ? Que l'aristocratie soit directe ou retournée, c'est toujours l'aristocratie.

**

Ce ne sont pas seulement les individus qui s'attribuent une supériorité les uns sur les autres. Ce sont aussi les corporations. Les plâtriers

dédaignent les maçons et ceux-ci les gâcheurs
de mortier. Les tailleurs n'ont qu'une faible considération pour les cordonniers. La magistrature
a un profond mépris pour tout ce qui n'est pas
elle. L'armée croit qu'elle a le droit de commander à tout le monde. Le clergé veut dominer
l'Univers entier. Les avocats se mettent bien
au-dessus des avoués qui toisent les huissiers
comme des gens de peu. Les chanteurs regardent
du haut en bas les comédiens qui le leur rendent
bien. Quant aux paysans, ils sont généralement
tenus pour de véritables sauvages. En quoi l'on
se trompe grandement, car certains paysans
rendraient souvent des points aux habitants
des villes, ceux-ci fussent-ils tous présidents à
mortier. Et les paysans, à leur tour, traitent de
fainéants et de gourmands tous ceux qui ne
travaillent pas la terre.

*
* *

Il est vexant et injuste d'être coté comme
ayant une valeur moindre parce qu'on habite
une petite localité. On est « médecin de campagne, notaire de troisième classe, petit juge de
paix » parce qu'on habite de simples hameaux.
Mais ces hommes-là valent souvent plus que
ceux qui habitent des capitales. D'un autre côté,
les mêmes aptitudes sont exigées pour soigner
les gens de la campagne, pour diriger leurs

affaires ou régler leurs différends , que pour s'occuper des mêmes objets intéressant les citadins. Aussi un gouvernement profondément soucieux de la prospérité nationale, devrait-il avoir à cœur de rendre aux hommes versés dans les sciences utiles à la population et d'une application journalière , le séjour des petits endroits agréable. Il y parviendrait en les rémunérant convenablement et en rehaussant leur rôle social.

La tentative louable, de la part de philanthropes zélés , de faire pénétrer l'idée d'égalité dans toutes *les couches sociales* , pour employer l'expression consacrée , est quelquefois fort mal comprise et fort mal récompensée. En effet, s vous reconnaissez devant certains hommes bornés que vous êtes leurs égaux, il arrive presque toujours qu'ils se comportent immédiatement comme s'ils étaient vos supérieurs.

M. Eugène Pelletan a dit : « La Révolution
» avait voulu l'égalité, non cette égalité brutale
» qui renverse un peuple comme un sablier
» pour mettre dessous ce qui était dessus, mais
» bien cette égalité rationnelle qui substitue
» l'ordre de la nature à l'ordre de convention,

» la hiérarchie du mérite à la hiérarchie de la
» naissance. » (*Journal officiel*, du 31 juillet 1880).

*
* *

On ne saurait donner des idées plus justes de
l'égalité possible, que M. Paul Bert ne l'a fait
dans le passage suivant de son livre l'*Instruction
civique à l'école* :

« *Égalité*. — Voilà encore un mot pour lequel
il faut bien s'entendre. Car si je vous dis : » Tous
les Français sont égaux » je suis sûr que vous
répondrez en dedans : « Mais, Monsieur Dufort,
avec son beau château, ses belles voitures, ses
terres et ses rentes, n'est pas l'égal d'un ouvrier
tâcheron ; en tous cas, il n'est pas l'égal de ses
domestiques puisqu'il est leur maître. »

« Eh bien vous vous trompez. Monsieur Dufort
est l'égal de ses domestiques, ni plus ni moins.
Mais l'égal en quoi ? c'est là qu'il faut s'entendre.

» Il n'est pas leur égal en richesse, cela est
bien sûr ; il est plus riche qu'eux. Il n'est pas
non plus leur égal en instruction ; car il a fait
ses classes, quoique le précepteur de son fils
soit peut-être encore plus instruit. Mais il est
aussi plus grand ou plus petit que chacun d'eux,
plus vigoureux ou plus faible, plus intelligent
ou non. Oui, de tous ces côtés-là il y a des iné-
galités.

» Mais il est leur égal devant le service mi-

litaire ; car son fils sera soldat comme les fils de
ses domestiques.

» Il est leur égal devant l'impôt ; car il le
paie, comme eux, en proportion de sa fortune.

» Il est leur égal devant la justice ; car s'il en
renvoyait un sans le payer, il perdrait le procès
que celui-ci ne manquerait pas de lui faire ; et
s'il commettait un délit ou un crime, il serait
condamné exactement comme ils le seraient eux-
mêmes.

» Il est leur égal devant le vote, puisqu'il ne
dépose qu'un bulletin comme chacun d'eux dans
la boîte du scrutin.

» Il est leur égal devant le suffrage universel ;
car ils peuvent être nommés comme lui, si c'est
la volonté des électeurs, conseillers municipaux,
conseillers généraux, députés, sénateurs.

» Il est leur égal devant les fonctions publiques ; car il peut arriver que le fils de l'ouvrier,
s'il travaille et s'instruit, devienne ingénieur,
juge, général, tout comme le fils du propriétaire.

» Il est leur égal devant la fortune ; car on
voit tous les jours des fils d'ouvriers s'enrichir
par la bonne conduite, l'intelligence et le travail,.
et des fils de gens haut placés tomber dans la
misère par leur mauvaise vie.

» En un mot, il a les mêmes droits qu'eux et
les mêmes devoirs qu'eux : voilà la véritable
égalité.

» Si vous comprenez bien cela, mes enfants, vous serez plus avancés que bien des gens. Car il y a bien des écervelés qui se figurent que l'égalité ce serait d'avoir tous, non pas les mêmes droits, mais la même fortune, de manière à ce qu'il n'y ait ni pauvres, ni riches. »

Exaltons le Commerce et l'Industrie. Efforçons-nous de mêler dans les rapports sociaux les hommes appartenant à tous les genres de professions.

Développons l'instruction.

Frappons de déconsidération tout ce qui le mérite.

Facilitons le travail dans toutes ses aspirations.

Telles sont les principales lignes du programme que les vrais sages doivent s'attacher à réaliser.

§ 8. — DU BEAU ET DU BIEN

Une chose belle par elle-même, qu'elle appartienne au monde intellectuel ou au monde matériel, est belle sous quelque aspect qu'on l'envisage. Feu Monsieur X. Doudan, a dit : « Les sources de l'idéal et les sources des beaux sentiments et des belles actions sont aux mêmes montagnes. » (*Pensées, Essais et Maximes; préface de M. d'Haussonville*).

* *

Le champ du goût est si vaguement délimité, que nul n'est autorisé à dire d'une façon tranchante : « cela est de mauvais goût, ceci est de bon goût », par le motif qu'une autre personne a le droit d'émettre un avis absolument différent, sans qu'on puisse lui opposer un *criterium* certain pour lui démontrer son erreur. C'est en ce sens qu'il faut, probablement, entendre le proverbe : « Des goûts et des couleurs, il ne faut pas discuter. » Ce qui paraît signifier : « En fait de goûts et de couleurs, les préférences de chacun sont aussi légitimes que celles de. son voisin.

* *

Est-il légitime d'imposer aux populations ce qui est bon ? Ce point est apprécié avec des nuances différentes, eu égard aux moyens d'appliquer le principe, par les citoyens qui recherchent le bien général uniquement pour lui-même et par ceux qui, eux aussi, cherchent le bien général mais visent également la satisfaction de leur ambition personnelle.

A-t-on le droit de préparer le bien des générations futures, aux dépens de la génération présente ? En cette matière , la théorie des compensations et celle des sacrifices particuliers dans l'intérêt général , sont-elles applicables ? Ne peut-on pas se dire, au contraire, que le bonheur de chaque individu et sa liberté sont inviolables , quel que soit le mobile qui semble justifier les atteintes qu'on voudrait leur faire subir ? Graves problèmes qu'il serait téméraire d'agiter ici et que nous signalons aux méditations des philosophes.

* *

Pour faire tout le bien dont on est susceptible, il ne suffit pas d'être animé des meilleures intentions. Il faut encore : 1º être bien compris ; 2º tout en étant bien compris, ne pas être mal interprété malicieusement.

§ 9. — ARTS, SCIENCES, INDUSTRIE

1er ARTICLE. — *Chanteurs et Comédiens.*

On voit, chaque année, le directeur de l'Opéra (de Paris) embarrassé par les demandes exorbitantes des chanteurs et des cantatrices. Il semble que l'Académie de Musique étant une institution nationale, les appointements des artistes devraient être immuables, comme ceux des fonctionnaires. Les artistes sauraient que le premier ténor à trente mille francs par an, par exemple, et les candidats de mérite ne manqueraient point. « Les émoluments d'un ténor sont bien supérieurs à trente mille francs », objectera-t-on. D'accord. La renommée et la considération rachèteraient la réduction du traitement. Les titulaires qui se succèdent à la même préfecture n'ont pas un mérite égal et cependant ils touchent tous le même traitement. La récompense qui s'ajoute à leur salaire réside dans l'estime que les qualités dont ils font preuve leur attire. « Mais, dira-t-on encore, la faveur du public ne s'attache pas toujours aux plus méritants ! » Cela prouve que la valeur absolue des préfets et celle des ténors sont difficiles à déterminer.

***

Autre réforme. On devrait se décider à décorer les artistes dramatiques et lyriques. Honni soit le sot préjugé qui les empêche d'obtenir ce ruban rouge si convoité par tant de revers d'habits !

Voici quelques-uns des prétextes qu'on allègue pour refuser la décoration aux gens de théâtre, avec nos réponses.

— *Objection.* — Les chanteurs et les comédiens sont exposés à être sifflés ; il ne faut pas que cet affront rejaillisse sur l'ordre de la Légion d'honneur.

— *Réponse*. — C'est absurde. En quoi l'ordre de la Légion d'honneur souffrirait-il de ce qu'un de ses membres fût humilié? D'abord, le public siffle souvent par caprice ou par ignorance. Mais le mécontentement des auditeurs ou des spectateurs, fût-il fondé, et l'artiste eût-il commis des fautes contre l'art, son honorabilité y serait-elle le moins du monde engagée? Ceux qui se déshonorent, ce sont bien plutôt les gens qui entretiennent cette coutume barbare et triviale consistant à souffler dans une clef pour témoigner son dédain à un homme et quelquefois à une femme. Quand on pense que, parmi les siffleurs, plus de quatre sont des repris de justice et des banqueroutiers d'hier ou de demain! D'autres, des souteneurs de filles. D'autres, que des filles soutiennent. D'autres, des envieux. D'autres, les plus vils peut-être, qui se vengent d'avoir été éconduits du boudoir de la cantatrice.

— *Objection*. — Avant la fin de sa carrière, l'artiste peut perdre une partie de sa voix ou de son talent.

— *Réponse*. — Qu'importe? Vous le récompensez pour le mérite qu'il a au moment présent. Et d'ailleurs, hésitez-vous à décorer un officier qui en est actuellement digne, par le motif qu'un jour viendra peut-être, où il commettra une forfaiture?..... Avec ce sophisme, on ne décorerait jamais personne.

— *Objection*. — Le genre de travail n'est pas assez relevé.

— *Réponse*. — Avec de pareils raisonnements, nous reculerions au beau temps où les gentilshommes se glorifiaient de ne savoir signer. Aujourd'hui, les esprits élevés admirent et respectent les braves jeunes gens, les vaillantes jeunes femmes qui dépensent une somme considérable d'intelligence, de mémoire, d'efforts de toute nature, pour arriver à bien tenir leurs emplois. Et certes, mieux vaut un arlequin écrivant correctement qu'un Montmorency sans orthographe. Enfin, interpréter Rotrou, Corneille, Racine, Voltaire, Delavigne, Hugo, Scribe, Augier, Feuillet, Dumas, Sardou, Labiche, etc., n'est point, assurément, déroger.

— *Objection*. — Un artiste lyrique, un artiste dramatique, ne s'exposent pas à de très-grands périls pour gagner l'étoile des braves.

— *Réponse*. — Il y a tant de gens qui ne s'exposent pas plus qu'eux. Et, sans sortir de l'armée, ne dit-on pas de certains capitaines qui reçoivent la croix après tant d'années de service, qu'ils sont arrivés « à leur tour de bête » ?

M. Got, sociétaire de la Comédie Française, a reçu le ruban de la Légion d'honneur. Mais, par une subtile argutie, le décret porte que cette distinction lui est accordée pour les services qu'il a rendus en qualité de professeur au Conservatoire.

2ᵐᵉ Article. — *Musiciens et Poëtes.*

La musique est une langue universelle que chacun peut comprendre, sans l'avoir apprise. Il est très-regrettable que ce soit le petit nombre qui la parle. Mais son enseignement devrait entrer dans le programme de l'instruction primaire. Ce sont, en effet, les jeunes gens destinés à exercer les professions manuelles qui devraient cultiver le plus cet art ; car, comme l'a dit Daniel Stern, les personnes appartenant aux catégories les plus fortunées étudieraient la musique en amateurs.

***

Pour avoir le droit de se dire musicien, il n'est pas nécessaire de pratiquer la musique : il suffit d'être sensible à ses accents.

***

Un musicien qui compose une œuvre de toute pièce, qu'elle soit courte ou de longue haleine, est un véritable poëte, car qui dit poëte dit créateur. Il est bien plus poëte qu'un piètre versificateur qui (sans s'en douter, le plus souvent) s'occupe à ressasser des idées rebattues, dans un style consistant à faire rencontrer de deux en deux, au bout des lignes, des mots qui se terminent semblablement.

*
* *

La musique exprime tout, excepté les mauvaises passions, a-t-on dit. C'est une erreur : elle exprime même les mauvaises passions. Si ce n'était pas un fait certain, la musique ne serait pas une langue parfaite. Il se présente ce phénomène singulier : tel joue d'un instrument avec une précision absolue, que la musique n'émeut point ; tel autre, au contraire, ne connaît pas la gamme, qui tombe en extase à l'audition d'un morceau inspiré. Le plus musicien des deux est le dernier.

Charles Gounod a dit, dans son éloge de Mozart, que la véritable marque du génie musical est « cette sobriété des moyens qui est en raison même de la richesse de l'idée. » Dans le même morceau littéraire, l'auteur de *Faust* s'écrie : « Le ciel prodigue t'avait tout donné : la grâce et la force, l'abondance et la sobriété, la spontanéité lumineuse et la tendresse ardente, dans cet équilibre parfait qui constitue l'irrésistible puissance du *charme* et qui a fait de toi le musicien par excellence, plus que le premier, le seul !.... Mozart ! »

3ᵐᵉ ARTICLE. — *Peinture.*

On se querelle beaucoup sur la manière dont les peintres doivent traiter leurs sujets. C'est cependant bien simple. La peinture a pour mission de reproduire le modèle. L'expression « peintre réaliste » ne saurait signifier autre chose, et l'on est peintre réaliste en peignant aussi bien un élégant qu'un mendiant. Maintenant, si l'on veut faire de l'allégorie, du parti-pris, du convenu, rien ne l'empêche. Mais, dans ce cas, personne n'est fondé à dire que l'artiste a eu tort de faire ceci ou cela. Nul n'a le droit de le censurer, à moins qu'il n'ait mal fait ce qu'il se proposait positivement de faire.

4me Article. — *Ecriture.*

« C'est le mouvement de ma main, courant sur le papier, qui donne le branle à la pensée. Quand je me mets en face de mon bureau, je ne sais qu'en gros et confusément ce que je vais dire. On me le demanderait, je ne trouverais peut-être pas de mots pour l'exprimer ; en tout cas, les phrases ne se succéderaient pas toutes formées pour faire un corps de discours.

« Je prends la plume, et voilà que la file des lignes noires s'allonge sur le papier blanc, sans arrêt ni rature. La plume vole et l'esprit la suit. » (*XIXe Siècle*, n° du 14 janvier 1882). M. Francisque Sarcey, de qui émanent ces lignes, irait encore plus vite et souffrirait peut-être moins de la crampe des écrivains, si l'écriture usuelle se transformait. Il y aurait lieu de la remplacer par un systôme de signes abréviatifs. Ce serait facile. Prenons un exemple : les chiffres appelés improprement *arabes*, employés au nombre de trois ou quatre, expriment de longues phrases. Ainsi, pour désigner le « cinq janvier mil huit cent quatre-vingt-trois, nous avons besoin de trente-et-un caractères, sans compter le mot « janvier. » Et encore le mot « mille » a le privilége de s'écrire en trois lettres, lorsqu'il indique une date. En chiffres *arabes*, il ne faut que cinq caractères : 5 (janvier) 1883. On pourrait donc imaginer des signes synthétiques dont l'emploi simple ou combiné activerait la figuration matérielle des idées.

Un américain, M. Georges Gustin, a, dit-on, inventé un mécanisme merveilleux pour écrire en lettres moulées avec une rapidité extraordinaire. Cet appareil, de la grandeur d'une machine à coudre, est garni de touches semblables à celles d'un piano. Avec un peu d'habitude, on écrit facilement soixante et même cent mots à la minute. On peut aussi écrire à la fois de deux à vingt copies du même modèle. Il y a quatre siècles, on a découvert l'imprimerie ; mais depuis des milliers d'années le monde est stationnaire, en ce qui concerne l'écriture ordinaire. Nous sommes encore réduits à un procédé si lent pour figurer matériellement notre pensée, qu'elle s'évanouit souvent au moment où nous l'avons conçue, faute de pouvoir être fixée assez promptement sur le papier.

5ᵐᵉ Article. — *Monuments.*

On professe le culte des anciens monuments. Mais il faut établir des distinctions. Tel édifice a vu s'accomplir des événements considérables ; l'embellissement de la ville exige que cet édifice soit remplacé par une construction plus élégante ou plus artistique, ou même qu'il soit démoli pour la traversée d'une voie spacieuse. Les archéologues récriminent. Mais n'est-il pas plus sage de remplacer la satisfaction qu'on éprouve à se rappeler tel fait historique en contemplant le monument, par la satisfaction permanente d'un spectacle gracieux ou d'une circulation commode ? Et, il faut bien le dire, peu de personnes savent pourquoi tel édifice commémoratif a été érigé. Au surplus, il est facile de conserver, dans la localité, le dessin, la photographie ou la réduction en plastique du monument sacrifié. On conçoit d'ailleurs qu'il ne s'agit ici que d'édifices secondaires, car, sous aucun prétexte, la pioche du démolisseur ne doit attaquer ceux dont les vastes proportions ou la beauté architecturale commandent l'admiration.

Daniel Stern a dépeint, dans une page mélancolique, l'impression que produisent les monuments des âges passés sur un esprit porté à la rêverie :

« En un printemps déjà bien loin de moi, mais toujours présent à ma mémoire, dit Madame d'Agoult, j'allais souvent m'asseoir sur quelque pierre disjointe des gradins du Colisée. Distraite, inattentive, je ne regardais ni n'écoutais rien, et pourtant je recueillais en moi, comme une vague harmonie, le silence et les bruits, les ombres et les clartés, les fraîches brises et les souffles brûlants qui se succédaient ou se confondaient dans la lenteur inquiète de ma journée solitaire.

« Ici, le pèlerin à genoux suivait en se traînant sur l'arène les traces ensanglantées de la *Via crucis*, et murmurait les tristes litanies du Sauveur des hommes. Là-bas, le rossignol caché dans l'amandier en fleur jetait aux profondeurs du ciel bleu sa note vibrante. Plus près de moi, le merle furtif enlevait au buisson de myrte sa baie amère ; le lézard miroitait en fuyant sur le pan de mur chauffé du soleil ; et tout au haut du massif amphithéâtre, frémissante, avide, enivrée, la blonde abeille puisait aux calices des violiers le doux miel chanté des poëtes. Tout était mouvement dans cette immobilité ; calme dans cette destruction ; espérances dans ces ruines... »

M. Doudan a décrit, lui aussi, de la manière suivante, les impressions que produit sur l'esprit la contemplation des édifices d'une époque reculée :

« *Effets de Rome sur l'imagination.* — Douceur de l'air ; plaisir de voir les lieux où se sont passées de grandes choses ; sentiment que tout passe, qui prépare à s'en aller soi-même plus tranquillement ; beauté cachée des arts dans tous les coins les plus obscurs, la vie sauvage qui a repris sur la vie la plus pompeuse et la plus civilisée, tout cela vous dit confusément les choses les plus contradictoires. C'est d'entendre les choses les plus contradictoires que l'imagination a besoin. Ainsi, des religions puissantes qui se sont crues éternelles et qui ont passé, des êtres qui ont vécu dans l'obscurité il y a trois mille ans et dont nous voyons que le nom est resté sur une épitaphe, ainsi les rêveries nageant dans la lumière d'Italie bercent dans le contradictoire. »

Volney a écrit sur le même sujet une des plus belles pages de style descriptif qui existent dans le monde. La voici :

« Chaque jour je sortais pour visiter quelqu'un des monuments qui couvrent la plaine ; et un soir que, l'esprit occupé de réflexions, je m'étais avancé jusqu'à la *vallée des sépulcres*, je montai sur les hauteurs qui la bordent, et d'où l'œil domine à la fois l'ensemble des ruines et l'immensité du désert. — Le soleil venait de se coucher ; un bandeau rougeâtre marquait encore sa trace à l'horizon lointain des monts de la Syrie : la pleine lune à l'orient s'élevait sur un fond bleuâtre, aux planes rives de l'Euphrate : le ciel était pur, l'air calme et serein ; l'éclat mourant du jour tempérait l'horreur des ténèbres ; la fraîcheur naissante de la nuit calmait les feux de la terre embrasée : les pâtres avaient retiré leurs chameaux ; l'œil n'apercevait plus aucun mouvement sur la plaine monotone et grisâtre ; un vaste silence régnait sur le désert ; seulement à de longs intervalles on entendait les lugubres cris de quelques oiseaux de nuit et de quelques *chacals*... L'ombre croissait, et déjà dans le crépuscule mes regards ne distinguaient plus que les fantômes blanchâtres des colonnes et des murs... Ces lieux solitaires, cette soirée paisible, cette scène majestueuse, imprimèrent à mon esprit un recueillement religieux. L'aspect d'une grande cité déserte, la mémoire des temps passés, la comparaison de l'état présent, tout éleva mon cœur à de hautes pensées. Je m'assis sur le tronc d'une colonne ; et là, le coude appuyé sur le genou, la tête soutenue sur la main, tantôt portant mes regards sur le désert, tantôt les fixant sur les ruines, je m'abandonnai à une rêverie profonde. »

6ᵐᵉ Aʀᴛɪᴄʟᴇ — *Attraction intellectuelle de Paris.*

La centralisation littéraire et scientifique au profit de Paris, est un fait contre lequel il n'y a pas à lutter. Les facilités de communication l'accentuent de jour en jour. Paris devient de plus en plus le lieu géométrique où convergent toutes les supériorités, de même qu'il est le foyer d'où rayonnent la lumière, la chaleur et la fécondation. Tout ce qui ne porte pas le sceau, l'empreinte de Paris, est entaché d'un vice rédhibitoire et condamné, de par son origine même, à demeurer obscur, à végéter, à disparaitre sans laisser le moindre souvenir. Cette destinée n'a rien que de rationnel. Certes, il n'est pas nécessaire d'être né à Paris pour produire des chefs-d'œuvre dans un art quel qu'il soit. Mais le séjour de Paris façonne les intelligences. Cette ville immense, peuplée d'objets splendides, est un musée colossal où chacun se forme le goût, même à son insu, par le seul aspect de tant de merveilles. Dans l'ordre purement intellectuel, le contact des personnes éclairées, si nombreuses et si répandues dans le monde, imprime à l'esprit de celles qui les fréquentent ce *je ne sais quoi*, comme on disait autrefois, qui met hors de l'ordinaire, sans cependant jeter dans l'excentrique. Enfin, la mode aidant un peu, il faut bien le reconnaître, ce qui est du domaine exclusif de la pensée n'est pas accueilli avec faveur s'il ne porte le cachet parisien. Aussi, tout écrivain désireux que son livre ne soit point repoussé *à priori*, doit faire imprimer sur la couverture le nom d'un éditeur ou tout au moins d'un libraire « de la capitale ». Avec ce sauf-conduit, le fait d'avoir été conçu, rédigé et imprimé « en province », n'est plus qu'une question de secondaire importance.

7ᵐᵒ ARTICLE. — *Des Masques.*

Les Masques ! Quel piètre spectacle ! De chétifs groupes d'individus sans esprit, misérablement costumés et montés sur d'ignobles charrettes drapées de loques immondes. Véritablement, il suffit d'une bien pauvre mise en scène pour faire déranger une population.

8ᵐᵉ ARTICLE. — *Des Sciences.*

Qui peut prévoir où s'arrêtera le progrès des Sciences ? Avant bien des années, la Nature aura peut-être frappé toutes les femmes de stérilité, mais la science trouvera sans doute, au même moment, le moyen de conserver indéfiniment la vie et la jeunesse à la génération qui peuplera le Globe, à cette époque. Puissent les immortels de l'avenir garder le souvenir de celui des derniers mortels qui aura fait cette sublime découverte !

9ᵐᵉ ARTICLE. — *De l'Industrie.*

L'Industrie est une chose admirable que les hommes appartenant à l'enseignement, même à l'enseignement scientifique , n'apprécient pas toujours suffisamment. Mais ce sont surtout les lettrés qui méritent des reproches, à cet égard, et qui se montrent ridicules. Ils s'obstinent à exiger des hommes certaines connaissances d'un intérêt secondaire , tandis qu'ils seraient volontiers coulants sur les notions techniques d'une application constante. Qu'importe , en effet, qu'un forgeron ignore qu'Alcibiade a été égorgé par les sicaires de Pharnabase, pourvu qu'il ferre bien vos portes et vos fenêtres et mette votre précieuse existence à l'abri des coupeurs de carreaux de vitre ?

TROISIÈME PARTIE

—

AGIR

PREMIER ENTRETIEN

DE LA MORALE

AVERTISSEMENT

On débute, dans cette troisième partie, par la MORALE qui cependant appartient, à certains égards, au domaine de la Pensée. En voici le motif : pour développer et mettre en pratique les idées morales, il est nécessaire que la VOLONTÉ intervienne dans une large mesure.

§ 1er. — DE LA MORALE CONSIDÉRÉE EN ELLE-MÊME

En Morale, il est un principe qui renferme tous les autres : faites à autrui ce que vous voudriez qui vous fût fait. On en attribue la formule à Kong-Fou-Tchou (Confucius).

*
* *

La Morale peut se résumer en ceci : faire deux parts de son temps et de ses ressources ; puis consacrer la première à procurer à ses semblables la plus grande somme de bien-être possible, et la seconde à la procurer à ses proches, à ses amis et à soi-même. Si chacun agissait ainsi, la question sociale se trouverait résolue.

*
* *

L'auteur de ce livre s'est exprimé ainsi dans un de ses écrits :

« La Morale est *une*, en réalité ; mais une morale relative est venúe se fonder en sous-ordre. La première, la Morale absolue, est celle qui découle de l'essence même de l'Homme et de ses rapports avec ses semblables, au point de vue des obligations que lui crée la nature. La Morale relative, la Morale de convention, est celle qui a été établie dans l'intérêt d'un ordre social né dans certaines conditions.

» La violation de la première constitue un crime, le seul acte qui mérite ce nom.

» Personne n'a le droit de modifier la morale absolue, pas même le législateur le plus autorisé. »

Il ne faut jamais confondre la morale absolue avec la morale de convention.

Si l'on tombe dans cette erreur, on mêle des principes qui ne peuvent s'harmoniser.

*
* *

Le critérium de la moralité d'un acte réside dans les conséquences prévues de cet acte. Il sera bon ou mauvais (moral ou immoral) selon que son auteur s'expose sciemment, en l'accomplissant, à faire du tort soit à l'Humanité, soit à l'Etat, soit à autrui, dans ses biens, dans sa personne ou dans sa conscience, ou qu'il ne s'expose à rien de semblable. Il s'ensuit qu'un acte qui ne menace personne d'un résultat fâcheux (matériel ou immatériel) est bon ou moral, par cela seul. Par conséquent, un acte indifférent est moral par le fait même qu'il est indifférent.

*
* *

On a publié beaucoup d'ouvrages de morale. Peu d'entre eux jouissent de la faveur d'être lus. La cause de cet insuccès réside peut-être dans la façon morose dont ils sont rédigés. Pour avoir du succès et pour faire quelque bien, il est nécessaire qu'un livre de ce genre soit court, rapide et aussi attrayant que la matière le comporte.

*
* *

On peut bien, par la littérature, l'art, le théâtre, la philosophie, maintenir ou diriger les peuples dans telle ou telle voie morale, mais seulement jusqu'à une certaine limite. Vouloir brusquement transformer les coutumes, c'est peine perdue. En peignant les mœurs et en faisant ressortir leurs côtés odieux ou ridicules, les ouvrages de l'esprit contribuent assurément à les amender, mais ils sont impuissants à modifier leur marche générale, ne fût-ce que par le motif que la masse des hommes lit peu et observe encore moins. C'est pour cela qu'on ne saurait trop s'efforcer de développer le goût de l'instruction.

*
* *

Une des exigences les plus tyranniques de notre société actuelle, est le deuil extérieur. Le deuil doit être exclusivement dans le cœur. Lorsqu'on a perdu une personne chère, l'abstention des spectacles et des autres plaisirs n'a pas besoin d'être prescrite impérieusement par les usages ; la douleur seule la conseille. Cette exigence est ruineuse pour certaines familles, car les vêtements de deuil des femmes occasionnent de fortes dépenses.

*
* *

Très-souvent, dans le langage usuel, le mot

« morale » s'applique aux questions délicates touchant l'union des sexes et la perpétuité de l'espèce humaine. Voici, à cet égard, un trait qui peint notre époque d'une manière, hélas ! trop exacte :

Une dame charmante tenait conversation chez elle, avec des personnes en visite. On causait des familles nombreuses. La maîtresse de maison fit la réflexion qu'on avait peut-être eu tort d'abolir le droit d'aînesse. Elle disait que les particuliers arrivaient au même résultat *en s'en tenant à un enfant unique*, et elle ne dissimulait pas qu'elle approuvait ce système. Seulement, la gracieuse malthusienne ajoutait : « Si le droit d'aînesse existait, on ne songerait pas autant à n'avoir qu'un enfant et la population y gagnerait. » La réponse à ce subtil sophisme développé par une bouche rose, est extrêmement facile. La voici : édicter l'inégalité ne saurait, dans aucun cas, être un acte favorable à l'intérêt de la société ; deux obligations sont en présence : de la part du législateur, maintenir l'abolition du droit d'aînesse ; et, de la part des époux, s'abstenir de fraudes condamnables.

§ 2. — DE LA VERTU EN GÉNÉRAL.

La Vertu est la manifestation extérieure de la Morale. « La vertu d'un homme, a dit Pascal, ne doit pas se mesurer par ses efforts, mais par ce qu'il fait d'ordinaire. » (*Pensées, prem. part., art. X, pensée XXX.*)

* * *

La Vertu est une des manifestations de l'Intelligence, car, tout bien considéré, il est plus habile d'être un brave homme qu'un scélérat. Et c'est avec une justesse parfaite que Franklin a dit : « Le meilleur des calculs est d'être honnête. »

* * *

L'homme dont le caractère se rapproche le plus de la perfection est celui qui n'a d'autre passion que le bien général.

* * *

L'indulgence pour le vice n'est souvent que de l'indifférence pour la vertu.

Mais si l'on est tenu d'être impitoyable pour le vice, l'humanité commande d'être miséricordieux pour les coupables repentants.

§ 3. — DE LA DISCRÉTION.

Le cœur humain est insondable et l'homme qui se livre le plus, qui est le plus franc et le plus naïf, a presque toujours quelque secret qu'il ne confie pas à ses meilleurs amis.

**

Il n'y a qu'une chose que l'on n'ait pas le droit de partager avec son meilleur ami : c'est un secret appartenant à autrui.

**

Ne racontez à personne ce que vous ne raconteriez pas à votre femme.

**

Les confidences les mieux placées sont celles qu'on garde pour soi.

**

Dire son secret à un homme marié, c'est presque toujours le dire à deux personnes.

Dire son secret à un homme qui a une maîtresse, c'est souvent le divulguer à tout le monde.

**

L'Indiscrétion est fille du Bavardage et de la Vanité.

§ 4. — DE LA LOYAUTÉ.

Souvent un homme fait pour un déjeuner ce qu'il ne ferait pas pour tout l'or du monde. Ce qui signifie ceci : une politesse, une attention, une marque de déférence, sont des moyens de séduction d'autant plus sûrs que ceux qui y cèdent le font sans s'en douter. Et les plus honnêtes sont surtout victimes de ces moyens de corruption déguisée. Les gens rusés le savent parfaitement et ils se gardent bien de tenter ouvertement l'assaut de certaines consciences.

* * *

De nos jours (en France et n'importe où) tout s'achète et tout à cours. Marchandises avariées, mauvais médecins, mauvais avocats, mauvais artistes de toute sorte, tout s'écoule, tout gagne sa vie, tout fait sa place au soleil. Cela s'explique. D'une part, le Charlatanisme qui exagère les mérites des hommes et des choses, et, de l'autre, l'Envie qui les diminue, en arrivent à dérouter complétement le public. Mais si tout ce qui est mauvais s'achète, tout le monde n'est pas à vendre. Différemment, le séjour parmi les humains ne serait pas supportable.

Cependant, le public accoutumé à ne rien

juger par lui-même et à recevoir ses opinions toutes faites comme les dames certains articles de modes, se trouve constamment dérouté et s'en remet au hasard ou à la *réclame* du soin de lui procurer ses fournisseurs et les hommes de l'art dont il a besoin.

* *

On pourrait presque dire que, de nos jours, tout dégénère, même le mal.

* *

L'homme droit ne peut avoir pour ennemis que des imbéciles ou des coquins. Des imbéciles qui ne le comprennent pas. Des coquins qui dénaturent, de mauvaise foi, ses paroles ou ses actes. Et l'honnête homme, en proclamant lui-même qu'il ne saurait avoir pour ennemis que ces sortes de gens, n'est pas exposé à se voir fermer la bouche par cette objection : c'est pour n'avoir pas de contradicteurs, que vous prétendez cela. En effet, il lui est extrêmement facile de démontrer ce qu'il affirme en invitant le public à faire une enquête sur la valeur intellectuelle et morale de ses détracteurs.

* *

L'homme loyal convient de ses torts sans hésiter.

L'aveu est un relèvement.

Nier une faute équivaut à y retomber.

Un homme doit toujours agir, écrire et parler suivant ses convictions et d'après les inspirations de sa conscience. Quoi qu'il fasse, il est sûr de ne pas satisfaire tout le monde. Il mécontentera, probablement, la moitié des gens. D'autre part, il n'est pas d'homme si décrié qui n'ait de nombreux partisans. La moyenne est donc, on peut se permettre. de le dire, moitié par moitié. En fait, si l'on comptait bien, on trouverait que chacun contente la moitié des personnes auxquelles il s'adresse et quelques-unes de plus, car il faut laisser de la marge pour les individus craintifs ou flatteurs.

§ 5. — DE QUELQUES TRAVERS HUMAINS.

L'honnête homme se surprend quelquefois à avoir des pensées perverses ; combien alors l'homme mauvais ne doit-il pas en nourrir ?

L'intérêt, sous des formes variées à l'infini, est invariablement le mobile de toutes les actions humaines, sans exception. L'amour maternel lui-même, le plus pur de tous, pourtant, repose sur une sorte d'égoïsme.

**

En avançant dans la vie, on s'aperçoit qu'il est sage d'être de plus en plus chaud pour l'Humanité en général et de plus en plus réservé à l'égard des individus en particulier. Plus on est empressé, ouvert, expansif envers ceux-ci, *plus on se livre*, en un mot, moins on se concilie leur affection vraie. On s'expose, au contraire, à être mesuré par eux à leur aune et à n'en recevoir ni marques d'amitié ni marques d'estime. Heureux quand ils ne répondent pas à vos témoignages de condescendance par de détestables procédés.

**

Certaines gens, les paysans notamment, prennent de bonne foi les tribunaux pour des agences de loteries. Ils ne se rendent pas compte que la Justice a été instituée pour rechercher les droits de chacun et les lui attribuer. Ils entendent les mots *gagner* et *perdre* comme on les entend à une tombola. Aussi, intentent-ils souvent des procès à tort et à travers : « On ne peut pas savoir ; au petit bonheur. »

*
* *

Un paresseux est un sot ou un gredin qui veut vivre aux dépens des autres. A moins qu'il ne soit paresseux à la manière de Diogène, par parti-pris philosophique.

*
* *

L'ivresse a conduit Alexandre à tuer Clitus et des hommes loyaux à livrer le secret de leurs amours.

*
* *

Le résultat le plus fâcheux d'une lettre anonyme, est souvent de faire accuser un ou plusieurs innocents d'en être les auteurs.

*
* *

Les grandes prostituées, comme les grands dévastateurs et les grands imposteurs, sont l'objet d'égards considérables, alors que les courtisanes de bas étage, les voleurs timides et les petits charlatans, sont honnis et méprisés. Cela tient à un fond de bassesse qui déshonore l'Humanité. Cela tient aussi, chez quelques-uns, à une certaine avidité secrète et vile qui fait espérer un profit des adulations adressées aux scélérats opulents.

DEUXIÈME ENTRETIEN

DES VANITÉS HUMAINES

CONSIDÉRATIONS GÉNÉRALES

La plupart des hommes ne pouvant se résoudre à observer l'adage latin « *age quod agis,* fais ce que tu as à faire », ils sont fatalement inexpérimentés dans leurs carrières. Aussi les rares sujets qui veulent travailler n'auraient pas à prendre beaucoup de peine pour parvenir rapidement aux premières places, si le népotisme, la camaraderie et la faveur ne les écartaient, au profit des fainéants. Il s'ensuit que ceux qui étaient disposés à étudier, à se fortifier dans leur spécialité, se laissent aller au découragement et jettent, comme on dit vulgairement, le manche après la cognée. De là l'abaissement du niveau professionnel, dans presque toutes les administrations.

§ 1er. — DE CERTAINES COUTUMES ET DE CERTAINS TRAVERS.

1er Article. — *Des Funérailles.*

On va aux enterrements pour trois causes : par curiosité, par affection pour la personne défunte, ou dans l'espoir qu'ayant la réputation d'assister scrupuleusement aux convois des autres, on aura beaucoup de monde au sien. Dans les deux premiers cas, il n'y a pas d'objection à faire. Mais sur le troisième, voici ce que le bon-sens fait observer : d'abord, on ne s'apercevra guère, une fois mort, si l'on a une suite nombreuse ; en second lieu, c'est perdre misérablement un temps précieux que d'assister, dans le cours de son existence, aux obsèques de mille personnes indifférentes, tandis qu'on ne mourra soi-même qu'une fois ; enfin, rien ne vous garantit que l'on mettra à escorter vos dépouilles mortelles le scrupule que vous aurez apporté à dûment accompagner celles des autres.

*
* *

Beaucoup de braves gens croient faire acte d'humilité en recommandant, lorsqu'ils sont à l'article de la mort, qu'on ne prononce point de discours à leurs funérailles. Mais d'abord, bonnes gens, vous ne savez pas si l'on vous attribue une importance suffisante pour songer à faire votre oraison funèbre. Que votre modestie soit donc pleinement rassurée. D'un autre côté, ne redoutez rien pour votre mémoire, car on n'insulte pas à une tombe encore ouverte ; il arrive plutôt qu'on décerne aux défunts, au bord de leur fosse, des éloges exagérés.

2me Article. — *Du Costume.*

Un uniforme, aussi modeste qu'il soit, produit toujours de l'effet sur les ignorants. C'est très-fâcheux, parce que l'admiration niaise du galon et du panache conserve un reste de servilité chez le peuple, entretient l'habitude qu'il a de respecter l'habit plutôt que la fonction, et l'empêche d'élargir son esprit, de l'élever aux idées abstraites d'autorité morale, de devoir, de civisme. Il est donc bien souhaitable qu'on en vienne à réduire à un simple sautoir ces oripeaux noirs, rouges, bleus, verts, brodés d'argent, chamarrés d'or, ou fourrés de blanche hermine, dont se travestissent les personnages officiels. Il faut que l'on enseigne, en même temps, au peuple à vouer son respect non au costume, mais à la mission sociale dont est investi celui qui le porte.

Nous convenons qu'il est nécessaire que,

dans les solennités publiques, les fonctionnaires civils soient pourvus d'insignes quelconques qui les distinguent les uns des autres. Mais de larges écharpes portées autour de la taille ou en sautoir, des plaques fixées au revers de l'habit, comme d'ailleurs cela existe pour les députés et les sénateurs, des médailles de grand module ou des nœuds de ruban très-apparents, attachés à la boutonnière, voilà des marques distinctives en harmonie avec les mœurs de l'époque.

Mais si l'uniforme — sauf dans l'armée, dans la marine, etc., où il constitue un signe de commandement et de reconnaissance — mérite la qualification de niaiserie, il n'en est pas de même du costume habituel à un peuple. Sous les initiales W. B. G., le *XIXe Siècle* publiait, le 10 avril 1882, un article remarquable auquel ce qui suit est emprunté :

« Sous son apparence burlesque, cette question du costume national est bien plus importante qu'elle n'en a l'air. Le monde entier tend à l'égalité, et la communauté du costume est le signe du rapprochement qui se fait entre les nations, de la solidarité qui unit les membres épars de la société humaine. La nation qui conserve obstinément son costume traditionnel montre qu'elle n'est pas entrée encore dans le courant du monde civilisé, qu'elle n'a ni les mêmes tendances ni les mêmes besoins que le reste de l'humanité. Mais c'est bien pis quand une nation se décide à faire un pas en arrière, à rompre le signe extérieur de l'unité internationale et de se cantonner dans un isolement systématique. Il y a là une sorte de défi jeté au reste de la famille humaine, un dédain injustifiable ; ce n'est pas seulement un manque de courtoisie envers les autres nations, c'est une faute politique. »

Il n'est pas indifférent, non plus, pour les individus de porter tel ou tel costume. L'un se plaît à laisser son vêtement ouvert, l'autre à le boutonner jusqu'en haut. Celui-ci a du goût pour les chapeaux élevés, celui-là pour les chapeaux à forme basse. Un autre veut de grands revers, un autre des revers étroits. Buffon ne travaillait avec aisance que si ses manchettes étaient irréprochables. Robespierre et Saint-Just aimaient une mise élégante. Marat tenait à se montrer débraillé. Murat ne marchait pas au combat sans avoir la chevelure très-soignée et sans être magnifiquement habillé. Napoléon, au contraire, portait, dans toutes ses campagnes, le même petit chapeau et la légendaire redingote grise. Ce qu'il y a de certain, c'est que le costume et le caractère d'une nation vont de pair. Cromwell et ses puritains austères, avec leur pourpoint de buffle et leurs cheveux ras, ont vaincu les *cava-*

liers amollis, couverts de broderies et portant une chevelure ondoyante. Les hommes de l'époque de la Convention avaient des habits d'une coupe décidée comme leur volonté et leur chapeau conique, muni du bourdalou à boucle carrée, s'harmonisait avec leur figure énergique. Aujourd'hui, le chapeau melon, la jaquette étriquée, le pantalon terminé en tromblon, le stick écourté, le lorgnon sans besoin, la raie au milieu du front, les accroche-cœur, les petits favoris au niveau de l'oreille et l'immense faux-col, sont les détails obligés de la toilette de notre jeunesse dorée. Et l'on sait que son esprit est l'image fidèle de cette tenue intéressante.

Plus on est gêné, plus on doit soigner sa mise. A notre époque, les gens superficiels — et il en est un grand nombre — ne vous considèrent qu'à raison de l'effet que vous produisez. Il vaut mieux se priver de spectacle et de mainte autre jouissance (jamais de nourriture, par exemple) que de se montrer couvert de vêtements râpés.

3me ARTICLE. — *Des Cadeaux.*

Les cadeaux n'ont presque pas de bons côtés. Ceux qui les donnent, le font presque toujours de mauvais gré. Ceux qui les acceptent, se croient obligés de rendre l'équivalent ; ils ont , mainte fois, l'ennui d'avoir reçu des objets qu'ils n'auraient point achetés , qui leur plaisent médiocrement, et qu'ils se trouvent , en réalité, dans la nécessité de payer. Les cadeaux périodiques s'offrent, en outre, — fâcheux inconvénient —, à des époques déterminées, qu'on y ait ou non le cœur et qu'on soit ou non dans une situation pécuniaire à pouvoir se les procurer.

On n'a ni plaisir ni mérite à faire un présent sincère, si l'on ne s'impose pas une privation.

Un cadeau doit être comme une pensée : l'intention efface l'objet, de même que l'idée efface le style.

4me ARTICLE. — *Toasts.*

Lorsqu'on exprime des vœux, dans l'intérêt d'une institution, lorsqu'on harangue une célébrité , un ami, lorsqu'on souhaite la bienvenue à un personnage important ou sympathique, au cours d'un banquet, il est d'usage de terminer par ces mots : « Je bois à, etc. » Est-il bien né-

cessaire de « boire » après ces sortes de discours ? Eh ! non, car on dirait, vraiment, que
c'est pour faire couler les morceaux indigestes
que les orateurs vous ont servis.

5ᵐᵉ **Article.** — *Inanité des choses humaines.*

L'homme parvenu à la quarantaine, peut,
avec la plus grande facilité, se reporter, par la
mémoire, à vingt-cinq années en arrière. Qu'il
se rappelle les hommes âgés de trente-cinq ans, à
cette époque, et dont on disait : « Voilà des
sujets pleins d'avenir ! » Ils ont maintenant
soixante ans et les mieux lotis sont : ou des
médecins en vogue, ou des avocats occupés, ou
des conseillers de cour d'appel ; quelques-uns,
peut-être, procureurs généraux ou premiers présidents. Eh ! mais, dira-t-on, c'est déjà bien
beau ; que vous faut-il donc ? — La réputation
seule d'honnête homme et de caractère indépendant vaut tout cela.

6ᵐᵉ **Article.** — *Ostentation.*

Certaines gens prennent des maintiens com-
posés pour avoir « l'air distingué ». Ils ne
savent pas que l'air le plus distingué est l'air

naturel. « L'homme, a dit Pascal, n'est ni ange, ni bête ; et le malheur veut que qui veut faire l'ange fait la bête. » (*Pensées, prem. part., art, X, pens. XIII.*)

La logique exigerait qu'on se fît payer pour montrer des objets rares ou précieux, mais la vanité en ordonne souvent autrement. Et bien des gens font chez eux des réceptions coûteuses afin de livrer à l'admiration des invités leur argenterie, leurs meubles ou leurs tableaux.

Distinguez-vous sans vous singulariser. C'est-à-dire remplissez vos devoirs professionnels le mieux possible et conduisez-vous, quant à tout le reste, comme le commun des humains. Rien n'est insupportable comme les gens qui sont toujours en représentation.

Les personnes ne trouvant bien que ce qu'elles font, sont fort à plaindre. D'autant plus qu'elles finissent par lasser les autres. Et celles-ci, tombant dans l'excès opposé, s'accoutument à refuser de leur reconnaître le mérite qu'elles ont réellement.

Entre autres personnes qui ont connu à fond le cœur de l'Humanité, la célèbre Mme Récamier paraît avoir été au premier rang. Voici ce que disait d'elle, Mme Ackermann, avec une malice peut-être un peu injuste. mais merveilleusement féminine .

« Pour réunir autour d'elle tant d'hommes d'âge, d'intelligence et d'opinions différents, pour les monter et les maintenir pendant de longues années à un même degré de ferveur envers sa personne, sans être cependant elle-même douée d'un esprit supérieur, il faut que Mme Récamier ait eu une entente parfaite des diverses vanités. En effet, elle leur rendait toutes sortes de services. L'unique affaire de sa vie a été de les deviner à demi-mot, de se prêter à leurs petits calculs et de leur éviter les mécomptes et les rougeurs. Après avoir éprouvé combien sont fragiles la fortune et la beauté, en femme prudente, elle s'était retirée en lieu sûr et avait établi sa position sur un terrain solide, sur le fond immuable d'une faiblesse humaine. »

§ 2. — ARROGANCE, SUFFISANCE.

Les hommes qui se croient supérieurs intimident plus que les hommes réellement supérieurs.

* * *

Quelques hommes « arrivés » sont portés à dédaigner les humbles et les modestes. Et lorsque ceux-ci se risquent à les visiter, tremblants et anxieux, afin de solliciter leur bienveillance, l'accueil qu'ils reçoivent est parfois fort peu encourageant. Les parvenus (parvenus des lettres, de la fortune, parvenus de n'importe quelle catégorie), ne devraient pourtant pas perdre de vue deux choses : la première, c'est que, presque jamais, un individu ne sort de l'ornière — ils en sont eux-mêmes de vivants exemples, pour la plupart — sans l'appui matériel ou moral des gens serviables. La seconde, c'est qu'il faut toujours, si l'on est doué de quelque pénétration, se demander intérieurement si, par hasard, l'infortuné qu'on a devant soi n'est pas un homme de mérite auquel il manque seulement quelques relations pour conquérir la notoriété. Comprendre cela, c'est se préparer des succès, car tout célèbre que l'on soit, on ne gagne pas moins un nouveau relief pour avoir découvert des talents ignorés et contribué à les répandre dans le monde. D'autres « grands de la terre », lorsque, conscients de votre valeur et de votre dévouement, vous leur offrez de collaborer avec eux au bien général, vous regardent comme des mendiants et vous éconduisent dédaigneusement.

Vous aurez beau être un homme supérieur, si vous êtes naturel et si vous agissez avec simplicité, vous serez considéré par vos collègues (que vous apparteniez à l'industrie privée ou à un corps constitué) comme un homme fort ordinaire. Et pourtant les hommes supérieurs ne se résoudront jamais à prendre des allures *opulentes*, pour employer une expression populaire mais qui mériterait bien d'être approuvée par l'Académie.

Certains personnages s'imaginent complaisamment que si l'on ne les visite pas, c'est par timidité. C'est souvent, au contraire, parce qu'on a conscience de les valoir, qu'on ne s'humilie point à leur faire une sorte de cour, hommage auquel ils croient secrètement avoir droit.

Jeunes gens, si vous avez toujours étudié, observé et médité, ne vous en laissez pas imposer, sans contrôle, par des gens qui se présentent devant vous avec assurance, fussent-ils environnés d'un certain renom de savoir, de talent et d'expérience.

Plusieurs des hommes brusquement élevés à de hautes situations officielles ne savent pas conserver une aimable simplicité de manières. Partis de bas, ils sont tellement étonnés d'être devenus quelque chose, qu'ils ne perdent pas un instant de vue leur fortune actuelle et se montrent, en toute occasion, pleins de raideur à l'égard de ceux qu'ils croient leurs inférieurs.

Il peut cependant y avoir une nuance considérable entre *un parvenu* et un homme *qui est parvenu*. Dans le premier sens, l'individu arrivé à la fortune ou aux grandeurs, étale constamment l'insolence qui accompagne d'ordinaire les personnes de sa sorte. Dans le second, il se rappelle son origine, ne se targue point de sa position et continue à manifester de la bonhomie dans ses allures.

§ 3. — PÉDANTISME, FATUITÉ.

On n'a pas besoin de prévenir le lecteur qu'il n'entre nullement dans l'esprit de celui qui écrit ce livre d'attaquer les corps constitués, les compagnies et les corporations. Comme les crimes, les ridicules sont personnels. Et censurer les travers de quelques individus n'est point livrer à la risée les institutions dont ils sont membres.

Un grand nombre de jeunes gens s'étonnent, en sortant du collége, du petit séminaire, et même quelquefois des grandes écoles, de rencontrer des personnes versées dans telle ou telle science. Il leur semble que le savoir ne réside que dans le sanctuaire qu'ils viennent de quitter. Souvent ce préjugé puéril les suit dans la vie, surtout s'ils entrent dans une corporation fermée, comme le Clergé, la Magistrature, l'Armée ou l'Université. Et cette manière de voir erronée a ceci de particulièrement fâcheux, au point de vue de l'intérêt général, que ces jeunes gens, devenus des hommes et des chefs de service, s'imaginant avoir la science infuse, cessent absolument d'étudier, ne se tiennent au courant de rien, se rouillent et s'abrutissent. Le plus déplorable, c'est quand leurs subordonnés hiérarchiques s'en aperçoivent. Ils ont en eux des juges d'autant plus sévères qu'ils les ont moins ménagés. C'est ainsi que des conducteurs des ponts-et-chaussées pourraient parfois en remontrer à certains ingénieurs. De là, par malheur, à généraliser, il n'y a qu'un pas. Aussi n'est-il pas rare d'entendre de simples piqueurs rire de l'ignorance des x x (les ingénieurs).

Quelques normaliens s'imaginent qu'ils ont la science infuse et le génie inné. Le génie, on s'en est expliqué, dans une autre partie de ce livre. La science, c'est relatif. Formés à des travaux spéciaux, subissant une sorte d'entraînement *ad hoc*, il est évident qu'ils doivent être rompus à certains exercices mieux que les personnes qui s'y adonnent beaucoup moins. L'accentuation grecque et les vers latins, par exemple, n'ont plus de difficultés pour eux. Mais l'Histoire, la Philosophie, le Droit, la Philologie, d'autres branches d'études encore, peuvent parfaitement être cultivées, avec autant de succès, par des gens du monde qui s'y appliquent assidûment.

***

Les professeurs sont presque toujours des écoliers, par quelque côté.

***

Un professeur classe les hommes d'après les diplômes universitaires qu'ils ont obtenus. Comparant un licencié ès-lettres à un avocat, il dira de celui-ci : un simple licencié en droit. Celui qui écrit ces lignes affirme avoir entendu cette parole singulière. S'il osait, le professeur dirait, sans avertir qu'il commet un anachronisme, que Voltaire n'était seulement pas bachelier, et soupirerait : « c'est grand dommage que Victor Hugo ne soit pas passé par l'école normale. »

Le grade de licencié en droit a la même importance que celui de licencié ès-sciences ou ès-lettres, et ceux qui l'ont conquis savent qu'il faut posséder convenablement la langue latine pour expliquer les lois romaines dont l'étude constitue une portion notable des matières de l'enseignement juridique.

*
* *

Un des ridicules les plus achevés de quelques jeunes gens, d'ailleurs doués de talents et de mérites, c'est de prendre devant leurs contemporains aux allures simples et naturelles, des airs que l'on pourrait appeler vaniteusement modestes. C'est-à-dire qu'ils se posent, sans se donner cependant un genre par trop outrecuidant, en hommes de beaucoup supérieurs aux personnes de leur âge et même, quelquefois, de n'importe quel âge. Cela se devine, se sent, se voit de la façon la plus évidente. On entend presque leur pensée. Elle dit ceci : « Pauvre un tel, pauvre garçon, pauvre infirme du cerveau, comme je te domine de cent coudées ! » Et ils ont un petit sourire satisfait, pas précisément dédaigneux, mais passablement protecteur. Risibles fats, ils ne se doutent pas que, très-souvent, ceux vis-à-vis desquels il se donnent un ton de supériorité, sont intérieurement pour eux des juges implacables,

* *

Il est tolérable de se donner de l'importance jusqu'à l'âge de vingt-cinq ans, parce que les personnes plus âgées mettent ce travers sur le compte de l'inexpérience. Passé cet âge, c'est la chose la plus sotte et la plus ridicule aux yeux des personnes qui connaissent les misères humaines.

* *

Vous voyez, tous les jours, des gens qui ne sont pas plus « forts » que vous, se donner de l'importance et vous catéchiser : « Si j'étais vous ; à votre place ; permettez-moi un avis, en collègue ; croyez-en un camarade.... » S'ils voyaient dans l'intérieur du camarade, du collègue ! Quels sourires narquois « entre peau et chair » !

* *

On rencontre, parfois, des gens qui vous disent : « Mon cher, vous avez eu tort de faire telle démarche, de tenir tel discours, d'écrire telle lettre ; à votre place, j'aurais agi comme ceci et comme cela ; si j'étais vous, je me conduirais de telle façon, à propos de ce que vous savez. » etc., etc. Souvent ces donneurs d'avis, prétentieux et pédants, n'ont ni votre intelligence, ni votre instruction, ni votre bon-sens, ni votre tact, ni votre esprit pratique. Vous le reconnaissez fort bien et vous êtes tentés de les rappeler brusquement à la modestie. Mais vous vous contentez de les bafouer *in petto*, et, après quelques hochements de tête qui ne leur donnent ni tort, ni raison, vous leur tournez le dos, pour ne pas éclater.

* *

Un spectacle des plus amusants consiste à contempler les allures importantes d'une foule de pleutres que le hasard ou la camaraderie ont placés au-dessus de vous, dans la hiérarchie sociale. Ces pantins vous donnent des masses de conseils, vous prodiguent des quantités d'observations et vont même jusqu'à vous infliger des reproches soi-disant amicaux. Si vous ne mettiez pas votre philosophie en réquisition, comme vous hausseriez les épaules et donneriez ferme de la férule à tous ces pédants !

* *

Laisser dire et approuver sont deux.

* *

Il faut passer aux gens d'être prétentieux, ce qui est le travers de ceux qui se croient très-capables ; mais il ne faut pas leur passer d'être pédants, ce qui est le défaut de se croire supérieurs à tout le monde.

*
* *

Il n'est pas défendu de se croire capable ; mais celui-là qui se croit plus capable que n'importe qui, prouve par cela même le contraire.

*
* *

Un fat est un sot vaniteux. Il n'y a que les fats qui compromettent les femmes. Les fats se vantent de bonnes fortunes qu'ils n'ont pas eues ou font connaître celles qu'ils ont eues. Dans les deux cas, ils sont également dignes de mépris. L'homme que l'on fait griser afin de lui arracher son secret, est à plaindre pour sa faiblesse, mais non pas à blâmer, puisqu'il a été inconscient.

*
* *

La prétention est ridicule chez tout le monde, mais surtout chez ceux qui n'ont aucune espèce de mérite, comme la coquetterie l'est chez une vieille femme édentée dont les sourires rappellent un clavecin en réforme.

*
* *

Il est à remarquer que les personnes sorties

depuis peu d'une condition modeste, sont celles qui renient plus facilement leurs parents restés obscurs.

* *

Vous qui êtes médecin, pourquoi dédaignez-vous un vétérinaire? Est-ce parce qu'il soigne les animaux? Vous trouvez, sans doute, que cette profession manque de relief. L'art vétérinaire est une science comme une autre. Si un vétérinaire ne s'occupe que des animaux, un professeur de minéralogie s'occupe d'objets encore moins relevés. Avec de la logique, vous devriez dédaigner davantage ce dernier.

* *

Il y a des gens qui se donnent le genre de critiquer tel ou tel geste familier, telle ou telle attitude habituelle de personnes en vue, uniquement pour avoir l'occasion de montrer que ces personnes ne pèsent pas lourd à leurs yeux ou qu'ils sont accoutumés à les voir de près C'est une façon de se donner de l'importance.

* *

Lorsque vous entendez, à une table d'hôte, un monsieur gourmander brutalement les garçons, vous pouvez en conclure qu'il n'a jamais eu de domestiques.

§ 4. — DE L'AUDACE.

Les gens qui sont toujours contents de ce qu'ils font, réussissent trop souvent à persuader aux autres qu'ils ont raison.

Il suffit à un individu de se présenter et d'agir avec aplomb pour être entouré d'hommages, fût-il, en réalité, un ignorant et un fieffé coquin. — Hâtons-nous d'ajouter, pour l'honneur du monde, que le misérable a soin de se faire passer, en même temps, pour un parfait honnête homme. — Ils sont des milliers de cette valeur. Il arrive parfois que l'on finit par découvrir « la fourbe et l'erreur », comme dit La Fontaine. Ici, la droiture du bon public commence à se fausser un peu, car il est rare que quelqu'un s'empresse d'appeler « martin-bâton. » C'est que nous sommes toujours bourgeois, c'est-à-dire un peu mous, tranchons le mot, un peu poltrons. Ah ! si, au début, on avait démêlé la vérité, c'eût été différent ; jamais le faquin n'aurait obtenu droit de cité. Mais maintenant il a une situation acquise, fort difficile à renverser Enfin, que sait-on ? Il pourrait être soutenu ; et puis, s'il allait se défendre... Et voilà comment

il se fait que des scélérats, connus pour tels de
tout un pays, marchent le front levé et sont
même escortés d'une petite cour.

* *

Un soufflet donné au moral ne s'efface pas
mieux qu'un soufflet donné au physique. Il
arrive qu'un drôle quelconque à qui vous avez
appliqué la férule, vous répond qu'il n'accepte
pas vos observations. La bonne plaisanterie ! Il
ne les accepte pas, mais il les a subies; et son
refus de les accepter est précisément un accusé
de réception.

* *

Beaumarchais a dit: « Le savoir-faire vaut
mieux que le savoir » On pourrait dire : « l'audace vaut mieux que le mérite. » Les hommes
consciencieux sont parfois hésitants; ils ne veulent pas promettre plus qu'ils ne peuvent tenir
et il leur répugne de donner à penser qu'ils
valent plus qu'ils ne valent en réalité. Ils vont,
suivant le dicton populaire, « bon jeu, bon
argent. » Au contraire, les hommes qui ne se
préoccupent que d'arriver à leurs fins sont tran-
chants en toute chose. Ils ordonnent, ils disposent des biens et des personnes, ils renversent
tout ce qui les gêne, sans laisser aux gens le
temps de se remettre et de se demander : 1° si

ces foudres de guerre ont bien le droit d'en user ainsi ; 2° s'il ne serait pas facile de les arrêter tout net dans leur carrière aventureuse. Cet aplomb imperturbable a fait la fortune de maint héros fameux.

* *

Il ne suffit pas d'être capable. Il faut, de plus, se poser en homme capable. Celui qui l'est et qui en impose la conviction au public, a la supériorité sur cet autre qui l'est autant mais qui attend qu'on s'en aperçoive. Seulement, l'intrigue ne convient pas à tous les caractères.

* *

On dit souvent : « un tel qui a du mérite croupit dans l'ornière, tandis que tel autre, qui ne lui va pas à la cheville mais qui a une grande audace, s'est élevé aux premières places. » On a tort de s'étonner de cela. C'est probablement dans l'ordre ; et il faut croire que l'assurance a le droit de primer le mérite, puisqu'elle le fait presque invariablement.

* *

Jeunes gens dont la conscience honnête procède de l'esprit géométrique, débarrassez-vous d'une opinion surannée. Vous vous imaginez que

pour être *doctor* il est nécessaire d'être *doctus.*
Ne vous mettez pas ainsi martel en tête. Il sufit
de très-peu de savoir et de beaucoup d'assurance. Cela vous paraît ironique. Hélas ! ce n'est
que trop sérieux, à notre époque.

*
* *

Beaucoup d'individus sans valeur, bouffis de
vanité, pleins d'égoïsme et rapportant tout à eux-
mêmes, trouvent le moyen, à force d'aplomb et de
toupet, de se concilier la faveur du public. Bien
plus, ils réussisent à supplanter les hommes de
talent, mais modestes et désintéressés, et à les
faire passer pour avoir les défauts dont eux-
mêmes sont pétris.

*
* *

Il faut également se défendre et des gens qui
ne sont embarrassés de rien et de ceux qui sont
embarrassés de tout.

§ 5. — HIÉRARCHIE, GENS EN PLACE

« .... La race française plus qu'aucune autre,
a dans le sang et dans les moëlles, et dans
l'esprit et dans le cœur, l'instinct que tous les
hommes sont égaux. » Ainsi s'exprime M. Émile

Deschanel dans son livre : *Le Peuple et la Bour-geoisie.*

* *

La hiérarchie est une fiction en vertu de laquelle un homme est censé être supérieur à un autre.

* *

Pour le bon ordre , la hiérarchie a droit à l'obéissance ; mais elle n'est digne d'un respect profond et sincère que lorsque les chefs sont réellement supérieurs à leurs subordonnés, par le mérite. — L'âge, en toute circonstance, appelle les plus grands égards. — Dans un état bien organisé, il ne faudrait pas qu'un imbécile pût se permettre de molester un homme distingué, sous le seul prétexte qu'il est son chef hiérar-chique. Ou plutôt il ne devrait pas être possible qu'un imbécile fût le chef hiérarchique d'un homme de talent. Qu'on nous pardonne ce vœu ; nous n'ignorons pas qu'il est indiscret.

* *

C'est un travers, chez beaucoup de gens en place, que de vouloir paraître renseignés quand ils ne le sont pas. Mais lorsqu'ils veulent pa-raître renseignés, sans l'être, sur ce qu'ils ne sont pas obligés de savoir, c'est de la puérilité.

٭
٭ ٭

Faites brusquement d'un homme élevé d'une certaine façon le chef ou le subordonné d'un autre homme ayant vécu dans un milieu différent, ils ne se comprendront pas. En voici la raison : l'éducation est une seconde nature , comme l'habitude, et les personnes qui n'ont pas été préparées par une éducation analogue, sinon identique, à suivre une même carrière, ne tardent pas à cesser d'être d'accord.

٭
٭ ٭

Quand votre chef hiérarchique a de nombreux subordonnés, ne soyez pas impressionné des observations qu'il peut vous adresser, au point de tomber malade de chagrin. Il n'y attache pas autant d'importance que vous et le grand nombre de ses inférieurs vous fait oublier de lui promptement.

٭
٭ ٭

Si vous placez votre désir d'avancer au-dessus d'une légitime fierté, laissez croire à vos supérieurs hiérarchiques qu'ils sont également vos supérieurs, au point de vue intellectuel, car alors vous ne leur portez pas ombrage et ils n'entravent point votre carrière.

٭
٭ ٭

Entre les gens haut placés et les humbles, ce sont, le plus souvent, ces derniers qui, par leur attitude , déterminent la ligne de démarcation , au point de vue des rapports d'homme à homme. Il faut leur rendre justice , les fonctionnaires considérables (à part une quantité assez restreinte) ne songeraient pas à se targuer de leur situation.

Les gens en place s'étonnent de voir parfois les actes les plus sages de leur administration critiqués par des personnes animées des mêmes vues. C'est que celles-ci obéissent — souvent inconsciemment — à un double mobile : le besoin de critiquer pour critiquer, et la tendance à croire que l'on ferait mieux que les autres. Enfin , il peut y avoir encore une cause secrète : la propension naturelle à contrecarrer la volonté de ceux qui la veulent trop imposer.

TROISIÈME ENTRETIEN

DE LA VIE PRATIQUE

§ 1er. — DU CHOIX D'UNE CARRIÈRE.

Ceux qui se sont constamment reposés sur les autres du soin de leur avenir, ont presque toujours manqué leur existence. Aussi, bien que chacun ait besoin de conseils et quelquefois de protections, il faut, le plus possible, agir en tout par soi-même.

Vous avez beau faire ; de quelque côté que vous vous tourniez, ce n'est qu'en payant de votre personne que vous acquerrez une situation quelconque. Si c'est une position due à la faveur, vous l'obtiendrez, presque invariablement, au prix de complaisances ou de bassesses. — Mode le plus coûteux de tous. — Aussi, tout bien considéré, le moyen le meilleur et le plus honorable de préparer son avenir, consiste dans un labeur persévérant.

*
* *

Les familles doivent, non pas imposer une carrière à leurs enfants, mais les mettre à même de se prononcer sur leur goût pour telle carrière déterminée, et leur faciliter les moyens de manifester leurs aptitudes pour tel ou tel genre de travail.

*
* *

Il ne suffit pas de livrer ses enfants à des professeurs. Il serait encore à souhaiter que l'on suivît leurs études de près, afin de découvrir leurs aptitudes particulières. Par malheur, cette observation permanente est matériellement impossible. D'un autre côté, beaucoup de parents ne possèdent pas des lumières suffisantes pour apprécier avec sûreté dans quelles facultés leurs enfants se distinguent le plus, et les diriger, en conséquence, vers des états où, selon toute apparence, il auraient des chances de réussir. Les jeunes gens en sont réduits à chercher seuls leur voie. De là tant d'existences manquées. C'est pour ces malheureux dévoyés que le mot « déclassé » a été imaginé; expression très-juste et qui peint d'une manière saisissante la condition des infortunés qui ne sont pas à leur place, dans la Société.

*
* *

Souvent des hommes très-bien doués manquent leur carrière pour être « mal partis », c'est-à-dire faute d'avoir eu un guide apte à diriger leurs premiers pas.

*
* *

Lorsqu'un jeune homme intelligent, instruit et sentant sa valeur, a mal débuté, c'est-à-dire lorsqu'il a commis des maladresses en entrant dans la vie active, il faut qu'il se fasse oublier pendant quelques années, qu'il étudie, qu'il observe, qu'il médite, qu'il se laisse mûrir à l'ombre. Ensuite il se produit de nouveau et conquiert infailliblement les suffrages des personnes honnêtes, intelligentes et exemptes d'envie.

*
* *

On voit tel jeune homme, qui a remporté de grands succès au collége, cesser tout-à-coup, en entrant dans le monde, de paraître brillant. Cette sorte d'éclipse dure quelquefois plusieurs années, jusqu'à ce que le jeune homme, se décidant à changer de voie, abandonne la carrière où il s'était engagé sans des aptitudes

8*

spéciales ou sans des goûts suffisamment prononcés. Livré désormais à l'exercice d'une profession de son choix, ou bien occupant des fonctions en harmonie avec ses inclinations, il apparaît sous un jour absolument nouveau aux yeux de ceux qui l'ont, pendant quelque temps, perdu de vue.

*
* *

Une personne exerçant une profession pour laquelle elle n'a pas de goût et qui absorbe la plus grande partie de son temps, doit s'efforcer de la remplacer par des occupations où ses aptitudes aient leur application. Quelqu'un qui est ardent pour les questions générales, ami de la belle littérature, admirateur des choses de l'art, et qui se sent rivé à une besogne étroite, contraint de se servir d'un style massif, condamné à la vue et au contact d'objets sans élégance, aspire de toutes ses forces à reprendre possession de lui-même.

*
* *

Quand un homme n'est pas dans sa voie, il paraît avoir moins de valeur intrinsèque qu'il n'en a réellement. Ainsi, par exemple, un avocat qui parle passablement mais qui, par profession, est tenu de parler très-bien, peut, à la première audition, passer pour dépourvu de

tout talent. C'est que, comme on disait autrefois
« noblesse oblige », de même on peut dire
aujourd'hui « métier oblige ». Et cet avocat,
considéré avec raison comme un orateur médiocre parce qu'il est avocat, serait tenu pour
un orateur convenable, dans le monde ordinaire, s'il exerçait une autre profession.

*
* *

Les professions de médecin et d'avocat sont
les plus incertaines, au point de vue de la vogue.
Les jeunes gens sans fortune qui les embrassent,
ne sont pas sûrs d'arriver jamais à gagner leur
vie. Pour les exercer, il faut, outre l'instruction
professionnelle, posséder plusieurs dons extérieurs. Encore le médecin a-t-il besoin de moins
de dehors que l'avocat. Le premier, en obser-
vant un silence prudent, peut cacher l'insuffisance de sa science. Le second, au contraire,
est obligé de parler, par la nature de son état
et, si sa parole est défectueuse, elle l'empêche
de mettre en relief un savoir souvent très-réel.

Examinons rapidement quelques-uns des inconvénients de la profession d'avocat. Rien n'est
beau et rien n'est pitoyable comme elle. Si elle
est exercée par des hommes n'ayant pas besoin
de leur industrie pour vivre, c'est magnifique.
Mais si elle l'est, d'aventure, par de pauvres
hères, besoigneux, qui en donnent aux plaideurs

pour leur argent, c'est triste, lugubre, désastreux. La profession d'avocat occasionne une perte de temps que les hommes distingués du barreau doivent vivement déplorer. L'expédition des affaires, au Palais, offre tant d'irrégularités, que presque jamais on ne sait à l'avance si telle cause sera plaidée tel jour déterminé. Il s'ensuit que des orateurs et des jurisconsultes d'une haute valeur, restent désœuvrés à la barre ou dans la salle des Pas-Perdus, si bien nommée, en attendant l'appel des affaires où ils ont à porter la parole.

**

Il se rencontre des hommes supérieurs à leur position sociale et ne paraissant pas s'en douter. Ceux-là sont des sages. Ils remplissent leurs devoirs professionnels dans la perfection et avec quiétude.

**

Il est des hommes que leur constitution physique et le genre d'éducation qu'ils ont reçue, classent dans la vie sédentaire. Ils se livrent nécessairement et comme fatalement à des travaux qui demandent de la stabilité.

**

Certaines natures n'aiment à exercer leur activité que sur des objets bien définis, bien précis ou se rapportant à l'intérêt général. Il serait à désirer qu'elles ne fussent pas astreintes à dépenser de longues heures à l'étude de questions ou d'affaires dépourvues d'attraits et qui ne leur laissent que du dégoût. C'est de l'intelligence consumée en pure perte, car ce que l'on fait sans goût ne profite ni à soi, ni aux autres, ni à la Société. Il serait expédient, par conséquent, que ceux qui sont préposés à la bonne marche de la Société, découvrissent des moyens pratiques de faciliter aux personnes l'accès des carrières dans lesquelles elles pourraient rendre le plus de services. Encore un vœu destiné, sans doute, à demeurer longtemps dans le domaine spéculatif.

§ 2. — DE L'ESPRIT DE CONDUITE.

J.-J. Rousseau disait d'Emile : « .... Il ne se soucie pas qu'on l'estime avant que de le connaître. » Voilà une disposition d'esprit que tous les jeunes gens devraient adopter.

*
* *

Si vous voulez être utiles aux autres, fréquentez de moins riches et de moins instruits que vous. Si vous voulez être utiles à vous-mêmes, fréquentez de plus riches et de plus instruits.

*
* *

Lorsqu'un homme a le caractère parfaitement trempé, s'il lui arrive de ne pas obtenir une chose — de quelque nature qu'elle soit — vers laquelle ses aspirations le portaient, elle lui devient immédiatement comme indifférente. Remarquez-le bien, on ne dit pas qu'il feint l'indifférence ; on dit que l'objet convoité tout-à-l'heure cesse réellement d'inspirer ses désirs. Se rencontre-t-il des hommes ainsi organisés ? Ils sont peu nombreux, mais il en existe. « Oh ! dira t-on, ce sont des inconstants, des gens dépourvus de toute sensibilité, des monstres, et, dans tous les cas, des phénomènes heureusement très-rares. » — Très-rares, en effet, mais n'ayant aucune des difformités morales que les esprits étroits leur supposent. Ce sont les derniers représentants du Stoïcisme.

Lorsqu'on a été l'obligé d'une personne ou solliciteur près d'elle, on se doit à soi-même de ne jamais la combattre. Un seul cas forme exception : c'est celui où le bien général l'exige ; encore s'il n'existe aucun autre citoyen en mesure de remplir cette tâche.

Neuf fois sur dix, les hommes qui passent pour brusques et emportés sont doués d'un

excellent cœur. Ils sentent vivement et mani-
festent leurs impressions sans détours et sans
ménagements. La plupart ne conservent de
rancune contre personne et sont exempts de
toute arrière-pensée. Leur fréquentation présente toutes les garanties possibles de sécurité.

*
* *

Une des facultés les plus précieuses et les
plus rares est la lucidité. On entend, ici, par
lucidité, la faculté de voir clair et juste dans
les choses de la vie.

L'homme qui tient à cœur de faire pénétrer
son opinion, doit être lucide pour lui-même et
limpide pour les autres.

*
* *

Les hommes à qui rien n'a manqué dans leur
jeunesse, sont rarement aptes à soutenir les luttes
acharnées qui signalent notre époque. Aussi doi-
vent-ils renoncer à devenir des hommes d'action
et se résigner à rester des hommes de cabinet.

*
* *

Les hommes sensés s'abstiennent de former
sur leurs semblables des jugements précipités
et souffrent d'entendre certaines gens déclarer
délibérement qu'un tel n'a pas d'esprit, qu'un
autre ne professe pas, au fond, les opinions

qu'il manifeste, etc., etc. Avant d'accepter comme infaillibles de pareilles sentences, on doit se rappeler que lorsqu'il s'agit de juger un criminel, la plus grande circonspection dirige la procédure. Pendant l'information et les débats, l'accusé, légalement présumé innocent, n'est formellement déclaré coupable qu'après le verdict affirmatif du jury.

*
* *

Le caractère d'un homme n'est pas toujours en rapport avec sa taille.

*
* *

Les hommes d'une conscience scrupuleuse se conduisent dans les petites choses comme dans les grandes.

*
* *

Pourquoi l'homme fermement attaché à des convictions qui ne lui rapportent que des déboires, ne les abandonne-t-il à aucun prix ?... Il y a là matière à une profonde étude psychologique.

*
* *

Etre fidèle à ses opinions, une fois qu'on les a bien raisonnées, et s'y fortifier de plus en plus, en avançant dans la vie, c'est le propre des hommes doués d'une grande intelligence et d'un caractère élevé.

*
* *

On reproche à certains hommes de ne pas avoir le caractère nettement dessiné. Mais on oublie de rechercher si ces hommes se sont trouvés en présence de circonstances qui leur permissent précisément de manifester leur caractère. Que d'hommes fortement trempés et doués de qualités supérieures, sont demeurés sans utilité pour le bien général, faute d'avoir été servis par les circonstances !

*
* *

Méfiez-vous des gens qui s'étudient trop.

*
* *

Les personnes qui s'observent constamment sont en grande partie des hypocrites. Il faut, évidemment, une certaine tenue. En manquer serait un indice de mauvaise éducation. Mais se gourmer dans une contrainte constante, étudier sa démarche, ses gestes, son attitude, jouer un rôle de tous les instants, c'est n'être plus soi ; par conséquent c'est agir avec duplicité.

*
* *

La folie est comme l'ivresse. Elle révèle le

caractère réel de celui qui en est atteint. Quand vous voyez un communiste farouche tomber dans la monomanie de la richesse ou des grandeurs, il y a gros à parier que ce tribun ou ce pamphlétaire a toujours eu, dans le fond, des tendances aristocratiques. En se signalant comme l'ennemi le plus acharné des privilégiés, c'était encore un moyen pour lui de se mettre au-dessus des autres.

§ 3. — HABILETÉ

Les habiles sondent les dispositions des autres, avant de se prononcer. Les naïfs disent leur sentiment sans pressentir l'opinion d'autrui.

*
* *

Avant de s'attirer des adversaires, les habiles se ménagent des partisans.

*
* *

L'homme loyal se donne pour ce qu'il vaut. Il a même le scrupule de ne pas révéler de prime abord tout ce qu'il vaut. L'homme habile, au contraire, fait ressortir toutes ses qualités et les multiplie fictivement, comme à l'aide d'un miroir à facettes.

*
* *

Habile et capable ne sont pas nécessairement synonymes.

**

Les audacieux de talent réussissent toujours. Cela se conçoit. Mais souvent l'audace seule procure le succès. Le talent, au contraire, a besoin, dans une certaine mesure, du concours de l'audace. En effet, si vous ne faites pas valoir votre mérite, personne ne le devine. Quant à aller au-devant de vous, nul n'y songe. Sans parler des envieux qui s'en garderont bien, ni des simples ambitieux qui ont assez de s'occuper d'eux, les ignorants, c'est-à-dire la généralité des hommes, laissent nécessairement la lumière sous le boisseau, car pour l'en retirer, ils faudrait qu'ils la connussent.

**

Un homme de valeur, mais fort peu intrigant, répondit à un ami qui s'étonnait de le voir « croupir dans l'ornière »: Comment pourrait-on savoir que je suis capable ?... je ne l'ai dit à personne. »

**

Un homme habile doit commander assez à l'opinion pour quelle ne s'occupe de lui que juste au moment et dans la proportion qu'il lui plaît de fixer.

*
* *

Jeunes gens , on vous l'a déjà conseillé , ne vous livrez pas au premier venu. Soyez impassibles, soyez froids. C'est difficile , assurément ; mais si c'était facile, où serait le mérite ?... Être froid , c'est le signe du génie politique et diplomatique. Combien peu en sont marqués !

Oui, encore un coup , soyez froids , ne vous livrez pas. — Et c'est le cas de rééditer l'antique parole : « Faites ce que je dis et non ce que je fais. »

*
* *

Si vous voulez paraître savant , distillez votre science goutte à goutte, c'est-à-dire : parlez peu et faites largement valoir le peu que vous dites.

*
* *

En toute chose , faire le moins possible et paraître faire plus que personne , est le grand moyen des habiles.

§ 4. — DE LA MÉDIOCRITÉ (MOYENNE CONDITION EN TOUTE CHOSE).

L'homme qui représente le plus exactement l'Humanité, n'est pas celui dont la taille, la beauté, le courage, le génie, se font remarquer et provoquent l'admiration. C'est celui qui a des qualités moyennes, parce qu'il est l'image du plus grand nombre de ses semblables. Moyennes ne veut pas dire médiocres ; et médiocres ne veut pas dire inférieures. En réalité, l'homme moyen en toute chose est celui qui donne l'idée la plus exacte de l'Humanité.

Au point de vue de sa tranquillité personnelle, il vaut mieux être nul que médiocre, car lorsqu'on est nul personne ne s'occupe de vous.

Il est des gens qui se mêlent de tout, sans la moindre hésitation, et qui rapetissent les grandes choses en y touchant.

§ 5. — FRANCHISE, SINCÉRITÉ

Il y a deux manières de se poser dans le monde : en charlatan ou en honnête homme.

Si le charlatan vaut *un*, il se donne comme valant *cent* ; et il réussit souvent à le persuader aux autres.

L'honnête homme se donne pour ce qu'il croit valoir exactement, sans fausse modestie, comme sans sotte vanité. « N'attendez pas de lui, disait J.-J. Rousseau de son Emile, des discours dictés, ni des manières étudiées, mais toujours l'expression fidèle de ses idées et la conduite qui naît de ses penchants. » D'ordinaire, ce procédé ne l'élève que tardivement à la place qu'il mérite dans la considération publique ; mais il lui assure une estime autrement durable que celle dont s'empare le charlatan.

*
* *

La bravade ne signifie rien. Il suffit de faire connaître que, le cas échéant, on défendra ses principes ou ses droits en affrontant les plus redoutables périls.

*
* *

On ne doit jamais se contraindre, ni éviter de manifester complètement ses opinions et ses impressions. Pourvu qu'on observe les convenances et les bienséances, on a pour devoir de se montrer en toutes choses tel qu'on est réellement. Se contraindre, c'est s'imposer une gêne dont personne ne vous tient compte. Le public attribue votre réserve à un défaut de conviction.

*
* *

Quand un homme met en pratique les théories qu'il prêche aux autres, il a droit au respect qu'inspire toute personne convaincue.

* *

L'homme le plus franc laisse quelquefois échapper l'occasion de dire sa pensée. Cette abstention se produit surtout lorsque l'étonnement l'empêche de relever vivement ce qui le choque. Quand la surprise se dissipe, il est trop tard pour intervenir avec utilité.

* *

Il y a toujours avantage à dire nettement ce que l'on a sur le cœur contre quelqu'un. En effet, si, après des explications franches, une rupture se produit, il est probable que la sympathie n'était pas très-profonde de part et d'autre. Tout est donc bénéfice dans la cessation de rapports équivoques.

* *

Le nombre des ennemis déclarés est infime ; celui des ennemis secrets, immense. Sans ennemis secrets, on ne serait ni un honnête homme ni un homme de valeur. Or, ce qui se passe derrière nous ne nous regarde pas, suivant l'expression d'un célèbre personnage de comédie.

* *

Si la sincérité absolue est l'une des qualités les plus louables, il ne s'ensuit point qu'on soit tenu de se livrer, à chaque instant, aux confidences les plus détaillées. Beaucoup de jeunes gens s'imaginent qu'ils paraîtraient manquer de franchise en ne racontant pas à leurs prétendus amis toutes les particularités qui les touchent de près ou de loin. Ils commettent une double faute. D'abord, on ne viole point la sincérité en taisant ce qu'on n'est pas, au moins moralement, obligé de confier. Ensuite, on doit bien se pénétrer de cette vérité que si un événement vous intéresse personnellement, dans la proportion de *cent*, il intéresse tout au plus les tiers dans la proportion de *un millionnième*. Croyez-en l'expérience d'hommes arrivés à la maturité, qui ont fait mainte école, à ce sujet, et qui sont à peine corrigés de cette naïve habitude.

Méfiez-vous des compliments qui ne sont pas mitigés de réserves.

Loin de se plaindre des critiques de ses adversaires, on doit s'efforcer de les mettre à profit. En cela, on a un double avantage : celui de recevoir des leçons sincères et d'être dispensé de la reconnaissance.

Beaucoup d'hommes hésitent à prendre la parole, dans les assemblées dont ils font partie, dans la crainte qu'on ne croie qu'ils recherchent une satisfaction d'amour-propre. Cette abstentation est blâmable, parce que le devoir ordonne d'exprimer son opinion lorsqu'on la juge utile au bien général.

**

Partout où vous allez, faites-vous connaître à fond, afin que les malveillants s'accordent tout d'abord pour épuiser sur vous leur méchanceté et qu'il n'y ait plus ensuite, dans les conversations, de place que pour louer vos qualités.

**

On a beau s'efforcer d'être naturel dans le monde, ce n'est qu'au milieu de véritables amis et dans une enceinte qui ne laisse rien transpirer au-dehors, qu'on est parfaitement à l'aise et qu'on se dévoile tout entier, sans appréhension et sans contrainte.

Dans les autres milieux, on n'a pas *ses coudées franches*, suivant l'expression familière. L'homme le plus ouvert ressent cette influence, sans s'en apercevoir. Elle est le résultat d'une impression physique. Elle est, en quelque sorte, un effet mécanique.

**

Il est des orateurs décontenancés par un auditoire simplement mal disposé ou indifférent ; se montre-t-il ouvertement hostile, la plénitude de leurs moyens reparaît aussitôt.

*
* *

Dans les questions morales, l'homme qui observe à distance se trouve mieux placé pour voir juste.

*
* *

Les personnes loyales portent sur leur physionomie une sorte d'empreinte qui encourage les coquins. Heureusement, ceux-ci s'endorment bientôt dans une sécurité fatale pour eux ; convaincus qu'ils auront toujours raison de leurs victimes, ils négligent insensiblement les précautions utiles. C'est peut-être sous l'influence d'observations de ce genre que Vauvenargues a écrit : « C'est être médiocrement habile que de faire des dupes. »

*
* *

D'où vient que les hommes dont la manière d'agir est la plus correcte et dont les sentiments sont les plus clairement manifestés, se trouvent en butte à certaines attaques acharnées ?... Cela tient à ce qu'il y a des esprits pervers et des jugements faux, de par le monde. Si les hommes droits n'étaient jugés que par les sages et les justes, à quoi les imbéciles et les coquins occuperaient-ils leurs loisirs ?

*
* *

Il arrive quelquefois qu'on dit d'un homme : nous ne pouvons le pénétrer; nous ne devinons pas ce qu'il est. Cela tient , dans la plupart des cas , à ce qu'on n'observe pas la personne tout naturellement. Très-souvent, ce sont les hommes les plus francs et les plus ouverts que l'on se plaint de ne - pas connaitre. Pourquoi? Parce qu'on a la déplorable tendance, inconsciemment, de chercher en eux ce qui n'y est pas. On les voit, en réalité, tels qu'ils sont ; mais cela est si simple qu'on s'imagine qu'ils sont autres qu'ils ne paraissent. On veut *mordicus* que ces gens-là aient une diplomatie à eux. Cavour savait bien cela , lui qui, toute sa vie , a dit la vérité , en quelque sorte afin qu'on ne le crût pas et pour mieux cacher ses desseins.

*
* *

La perfide accusation de dissimulation est la plus redoutable que puisse subir un honnête homme, car elle met dans l'obligation d'administrer une preuve négative. Or, comment prouver que l'on n'est pas dissimulé, puisque l'accusation prétend que l'on a l'habitude de déguiser constamment tous ses sentiments et toutes ses pensées?... Cela rappelle le cas d'Epiménide que personne ne croyait lorsqu'il affirmait que tous les Crétois étaient menteurs, car il était Crétois lui-même.

*
**

Il serait peut-être habile à un écrivain, orateur, artiste, savant, etc., de laisser entendre à chacun de ses émules qu'il lui est inférieur. De cette façon, il aurait la quasi-certitude de se faire proclamer d'une bonne seconde force par ceux qui, sans cette tactique, se fussent peut-être déclarés ses détracteurs. Bientôt, le public constatant que cet écrivain, cet artiste, etc., a les suffrages de ses concurrents eux-mêmes, et sachant que ce n'est point chose aisée à conquérir, en conclurait qu'il possède un talent supérieur.

Ce procédé pourrait réussir, mais celui qui l'emploierait mériterait l'épithète de pied-plat.

*
**

L'homme droit ne peut avoir pour ennemis personnels que les imbéciles, les coquins, les envieux, et ses obligés.

*
**

Lorsqu'un homme obtient d'un autre la promesse de sa protection, un contrat solennel se conclut, au même instant. Toute transgression de la parole engagée est crimicelle. Le protecteur qui s'emploie mollement manque d'honnêteté s'il se retranche derrière le prétexte qu'aussi peu qu'il fasse, son protégé lui doit, quand même, de la reconnaissance. Le protégé lui a donné sa confiance et il compte sur le dévouement dont il a reçu l'assurance. Il découle de cette obligation sacrée, que le protecteur est moralement tenu de mettre son client au courant de toutes les phases par lesquelles passent les chances de sa candidature. Enfin, si le protecteur comprend ou que son crédit personnel est insuffisant, ou que le candidat n'a rien à espérer, ou que d'autres appuis peuvent lui être plus utiles, il doit le prévenir de ces circonstances, avec sincérité. — La protection, comme on l'entend ici, ne consiste pas à faciliter l'accès aux emplois, par faveur non justifiée, mais à exposer à qui de droit les titres légitimes d'un homme à la fonction qu'il sollicite.

*
* *

Tel qui se croit le protecteur d'un autre n'en est souvent que le simple instrument.

§ 6. — GASPILLAGE DU TALENT ET DES BONNES QUALITÉS.

En dehors, bien entendu, des crimes et des délits qui tombent sous le coup de la loi pénale, et des actions que la morale réprouve, conduisez-vous à votre guise. Souvenez-vous de la fable : *Le meunier, son fils et l'âne.* Et ne perdez pas un temps précieux à changer tous les jours de manière d'agir pour contenter tantôt l'un tantôt l'autre.

*
* *

Si vous évitez d'être paresseux, intempérant et joueur, vous imposerez le respect et la confiance à vos concitoyens, sans vous donner la moindre peine.

*
* *

Abstenez-vous d'étaler devant les sots les richesses de votre esprit ou de votre savoir. Ils ne vous comprendraient pas. Les latins appelaient cela, vous le savez, semer des perles devant les pourceaux : *margaritas ante porcos.* Il arrive même, souvent, qu'un homme de mérite passe pour ridicule, sans qu'on sache pourquoi. Si l'on remonte aux sources, on découvre que ce sont des imbéciles qui ont fait sa réputation.

*
* *

Si vous parvenez à vous posséder suffisamment, évitez, dans toute discussion, de vous commettre avec des personnes d'une portée intellectuelle moindre que la vôtre. Ce serait dépenser, gaspiller, des facultés précieuses, dans une lutte où vous n'auriez même pas l'avantage d'être admiré par un adversaire compétent.

Remarquez que l'on ne vous conseille pas, ici, de ne discuter qu'avec des docteurs. Bien loin de là. L'homme le plus disgracié de la fortune et le plus dépourvu des bienfaits de l'instruction, a le droit d'entamer un entretien avec vous. On ne fait allusion qu'aux ignorants prétentieux qui veulent trancher toutes les questions, sans les connaître.

*
* *

L'homme qui a quelque savoir et qui se sent une certaine valeur intellectuelle, doit, s'il est soucieux de sa dignité et de la paix de son esprit, se faire juger exclusivement par des personnes d'une intelligence et d'un savoir au moins égaux aux siens. Il doit, également, s'assurer qu'elles ne sont pas rongées de ce mal honteux appelé l'envie.

*
* *

Ce ne sont pas toujours les plus sots qui se

laissent duper ; ce sont surtout les plus honnêtes.

*
* *

On s'étonne que les gredins trompent si facilement tout le monde. C'est pourtant bien
simple : ils trompent les sots, tout naturellement; et les gens intelligents parce que ceux-
ci n'admettent pas qu'on puisse les prendre
pour dupes.

*
* *

Lorsqu'un homme ne vous est pas réellement
supérieur, gardez-vous de lui reconnaître de la
supériorité par modestie ou par calcul. Convaincu, la vanité aidant, que vous lui dites la
vérité, il ne vous en saurait aucun gré, car on
ne doit pas de reconnaissance à celui qui se
borne à nous rendre justice.

*
* *

Il est certainement très-agréable et très-mé-
ritoire de donner des soins gratuits aux affaires
de ses concitoyens. Mais si l'on pousse le dévouement jusqu'à n'accepter jamais d'honoraires,
dans l'exercice d'une profession libérale, le
public finit par s'habituer : 1° à vous croire
obligé d'être à ses ordres ; 2° à considérer que,
puisque vous ne vous faites pas payer, c'est que

vous avez conscience du peu de valeur des services que vous rendez. — Ce qui n'empêche pas qu'on vienne toujours vous demander conseil...., au même prix. En effet, pourquoi se gêner, du moment que cela ne coûte rien ?...— On prend vos avis comme certains remèdes d'une efficacité douteuse, en se disant : « Bah ! si cela ne fait pas du bien, cela ne peut pas faire du mal. »

§ 7. — DU MARIAGE

N'épousez qu'une femme qui vous plaise, et, — condition essentielle --, à laquelle vous plaisiez. Il n'y a pas de dot qui remplace l'inclination réciproque.

*
* *

Renoncez à vous marier si vous ne devez pas faire ce qu'on appelle un mariage d'inclination. On prétend que les mariages d'inclination préparent de mauvais ménages. C'est confondre les mariages irréfléchis avec les mariages d'inclinations. Quand un amour sincère et constant unit déjà les cœurs, le mariage est la garantie et la consécration d'une félicité durable.

*
* *

Lorsque vous voulez vous marier, songez que, quels que soient votre mérite et votre extérieur, les familles se préoccupent de deux choses : le prétendant a-t-il de la fortune ; est-il d'une naissance en rapport avec la nôtre ? Partez de ce souvenir pour régler vos démarches.

*
* *

Il arrive quelquefois que le public regarde comme malheureux en ménage un homme ou une femme qui paraît ne pas se trouver à plaindre. D'où vient donc que l'homme ou la femme ne se plaignent pas ? De ce que celui des époux dont le conjoint manque des qualités qui feraient leur union assortie, se réfugie dans le travail, la chasse, les distractions de toute espèce, le commerce de l'amitié, etc. On ne veut pas faire allusion ici à des relations adultères ; car, dans ce cas, il y aurait des torts réels, d'un côté. On a voulu simplement expliquer qu'il peut se rencontrer des hymens dépourvus de félicité, sans que pourtant la situation soit assez grave pour déterminer un éclat.

§ 8. — PROGRAMME DE VIE. — EMPLOI DU TEMPS.

Il faut agir, en toute occasion, comme si l'on devait mourir le jour même.

*
* *

Ne faire de peine à personne, telle est la règle que tout homme devrait s'efforcer de suivre, durant sa vie entière.

*
* *

Quand on est jeune, on a les instincts généreux. Tant que vous êtes dans cette période de la vie, promettez-vous d'en conserver les sentiments jusque dans la plus extrême vieillesse. Afin de ne pas perdre de vue cette résolution, formulez-la par écrit et placez-la constamment sous vos yeux.

*
* *

Il ne faut pas dire : « tel genre d'événement est rare, donc j'en suis à l'abri », car l'exception est redoutable, au même titre, pour tout le monde.

*
* *

La première année qui suit la sortie du collège n'est pas, à proprement parler, le commencement des études supérieures. C'est un temps consacré à l'apprentissage du monde. La première année pendant laquelle le jeune homme se trouve livré à lui-même, est le pont jeté entre l'adolescence d'où il sort et la jeunesse où il entre. A ce moment de la vie, nous sommes comme la statue de Pygmalion : pour nous tout est nouveau dans l'existence.

***

Il est impossible d'arriver à la célébrité sans une spécialité. En vain ferait-on observer qu'il a existé des génies universels. D'abord, les exceptions ne sauraient précisément que confirmer notre aphorisme. Puis, les hommes les plus brillamment doués excellent dans une faculté déterminée. Voltaire lui-même, qui atteignit la perfection dans tant de genres, jette un éclat tout particulier dans la poésie légère.

Choisissez la spécialité pour laquelle vous avez le plus de goût ; vous y réussirez, bien entendu, mieux que dans toute autre.

***

Habituez-vous à bien apprécier la valeur du temps. Afin d'éviter les recherches longues, énervantes et souvent inutiles, classez avec soin, dans un ordre qui vous soit familier, les titres, lettres, écrits divers, que vous tenez à conserver.

***

Ne raconter que les nouvelles les plus récentes qu'on ait apprises, et s'abstenir de débiter celles qui ont huit jours de date, est le seul moyen d'intéresser un peu son auditoire et de ne pas s'exposer à le fatiguer par des redites.

*
* *

Une question bien étudiée gagne du temps. Lorsqu'une personne vient vous exposer une affaire, permettez-lui d'entrer dans tous les détails qu'elle juge à propos, pourvu qu'elle ne se répète point ou qu'elle ne dise pas des absurdités. Ainsi renseigné, vous aurez plus d'éléments pour asseoir votre jugement, formuler une opinion, et donner un avis sérieux.

*
* *

On ne doit se gêner en rien, toutes les fois qu'on ne gêne personne.

*
* *

Tout honnête homme doit diviser son temps en trois parts et consacrer l'une à subvenir aux besoins de sa famille, l'autre à diminuer la misère et l'ignorance de ses semblables, et la troisième à s'intéresser aux affaires publiques. Il va sans dire que ces parts seront inégales. De même, les repas, le sommeil et les distractions, ont droit, évidemment, à un certain nombre d'heures de l'existence quotidienne.

*
* *

A seize ans, les jeunes gens qui aspirent à devenir des hommes sérieux, se tracent généralement des règlements magnifiques et minutieux. Lever à telle heure, coucher à telle heure ; travaux du matin, travaux de l'après-midi, travaux du soir, études et sujets de compositions, etc. Tout est prévu, jusqu'aux genres de distractions et aux instants précis de repos. Eh bien ! l'expérience démontre que jamais aucun de ces programmes n'a été rempli seulement à moitié. Jamais, car s'il s'est rencontré des hommes singuliers qui ont composé des poëmes grecs sur les vers-à-soie ou l'apiculture, pe: dans les moments où ils parcouraient les escaliers de leur couvent, ce sont là des exceptions. Et elles ne sont pas de nature à inspirer le désir de les multiplier. Dans la vie réelle, il est matériellement impossible de suivre de point en point un règlement trop détaillé. Il faudrait pour cela vivre dans un cloître et encore ne serait-il pas toujours facile d'y observer sa propre règle concurremment avec celle de la maison. La vie offre tant de circonstances imprévues que nul homme ne peut disposer des heures d'une façon positive. Que l'on se résolve donc à ne poser que de grands jalons dans le champ de son existence et à ne tracer qu'à larges traits l'emploi de ses journées. Il est permis (c'est même un acte raisonnable) de dresser le cadre de ses chefs d'études et de ses récréations, mais d'une manière ample qui laisse aux évènements toute la latitude possible. C'est d'autant plus sage que le réglement, s'il était trop méticuleux, serait le seul à en souffrir, car les évènements ne le consulteraient pas pour se produire et venir le déranger.

*
* *

Lorsqu'on va passer quelque temps à la campagne, on s'encombre de livres, avec la conviction qu'on lira tout cela et même que les provisions manqueront. Hélas ! le temps passe si vite qu'on rapporte toujours la plupart des volumes sans les avoir ouverts.

*
* *

Ne célébrez pas les anniversaires, même gais. La célébration des anniversaires fait paraître la vie courte.

*
* *

Si vous voulez avoir de grands loisirs qui vous permettent d'accomplir d'importants travaux scientifiques, littéraires, artistiques, abstenez-vous des cafés, des cercles, de la pêche, de la chasse et d'une correspondance trop étendue. Comportez-vous, pour tout le reste, comme les autres personnes du monde.

§ 9. — DU TRAVAIL

Si vous voulez rehausser les professions utiles que le préjugé considère comme très-humbles, traitez avec égards les personnes qui les exercent. Encouragés par ces marques d'estime, les modestes artisans relèveront la tête, et mainte petite industrie dédaignée redeviendra prospère. On a dit : « il n'y a pas de sot métier, il n'y a que de sottes gens. » Proverbe très-vrai. Le travail est sain, sous quelque forme qu'il s'exerce, pourvu, bien entendu, qu'il respecte les mœurs et la législation.

*
* *

M. Emile Deschanel a dit, dans son livre *le Peuple et la Bourgeoisie:* « Le travail est le grand émancipateur — des individus et des nations. Par le travail, l'homme se fait lui-même et refait son milieu, modifiant la société et la nature. »

Dans une autre passage, le même écrivain s'exprime ainsi : « Le travail est le père du droit. Toute peine, en effet, méritant salaire, et un salaire proportionné, l'homme, à la suite d'une tâche accomplie, d'une œuvre réalisée par son activité, conçoit sous cette forme l'idée du droit corrélative à celle du devoir, et, pour dire les deux choses d'un mot, l'idée de la justice, dont le devoir et le droit sont les deux faces. Toutefois cette lueur morale ne perce que tardivement les ténèbres de la barbarie... »

On ne saurait mieux dépeindre la nature même du travail, ni définir d'une manière plus exacte les droits positifs qu'il confère , ni , par conséquent , en faire ressortir plus hautement la noblesse.

§ 10. — DE L'EXPÉRIENCE

1er Article. — *Définition.*

L'expérience est l'état de l'esprit exactement renseigné sur la façon dont on doit se comporter dans des circonstances données. Les jeunes gens sont, généralement, mal renseignés sur la conduite à tenir dans la vie. C'est ce qu'on appelle être inexpérimenté. Le but de ces pages est de suppléer — en partie — à leur profit, à l'expérience qu'ils n'acquièrent qu'à la longue. Elles se proposent de les renseigner.

* *

Lorsqu'on agit en toutes choses avec droiture, on n'a pas la moindre idée des turpitudes de certaines gens. Il faut avoir beaucoup vécu , beaucoup vu, beaucoup fréquenté des personnes d'expérience en qui l'on ait une grande confiance, pour arriver à se convaincre combien l'humanité renferme d'êtres pervers sous des dehors pleins d'honnêteté. Alors on commence à se tenir sur ses gardes, précaution souvent bien tardive.

*
* *

Il est matériellement impossible d'écrire un livre sur l'expérience, tout d'une traite. En effet, pour donner avec justesse des leçons d'expérience, il faut en avoir reçu un certain nombre. Et c'est précisément au moment où l'on les reçoit qu'on doit les noter, étant encore sous leur impression vivace. L'homme qui sait profiter des leçons de l'expérience n'a pas besoin d'en recevoir beaucoup du même genre. Quelquefois une seule suffit pour empêcher une série de fautes non pas seulement analogues, mais n'ayant même que des rapports éloignés avec celle qu'on vient de commettre.

2me ARTICLE. — *Des apparences.*

Quand toutes les apparences accuseraient une personne, il faut vérifier cent fois sa culpabilité avant de la condamner, car on a vu des cas tellement extraordinaires que l'aveu lui-même, — aveu obtenu sans tortures physiques ou mo-

rales, — s'est trouvé détruit par des faits indé-
niables découverts ultérieurement. On ne sait
cela d'une façon certaine que vers l'âge mûr. Si
les jeunes gens lisent ces lignes et qu'ils en
fassent leur profit, ce sera, sur ce point, l'expérience de plusieurs années acquise en un
instant.

*
* *

Il est des hommes dont la sagesse est si
éprouvée que l'on ne doit jamais se permettre
de condamner *a priori* ceux de leurs actes qui
semblent répréhensibles. Il y a présomption en
leur faveur. Ce n'est qu'après examen et lorsque
l'erreur ou la faute apparaissent, évidentes, manifestes, incontestables, que la réprobation publique peut les atteindre avec une pleine certitude
et en sûreté de conscience.

Par contre, lorsque des hommes réputés jusqu'alors irréprochables, ont encouru justement
la flétrissure de l'Opinion ou perdu la confiance
de leurs concitoyens, ceux-ci ne doivent les
admettre à résipiscence qu'avec la plus grande
circonspection.

*
* *

Ne précipitez jamais vos jugements.
Ne vous hâtez pas, par exemple, de donner
tort à l'une des deux personnes que vous voyez

en désaccord, car il peut se faire que, par un motif secret, celle qui a eu raison accepte l'apparence d'avoir tort. — On ne veut pas discuter ici, si cette attitude équivoque mérite toujours le blâme ; on se borne à constater que parfois elle se produit.

3me Article. — *De quelques erreurs.*

Souvent les jeunes gens font mal certaines choses, uniquement parce qu'ils les croient au-dessus de leur talent. Ils les feraient bien, sans cette préoccupation. En d'autres termes, ils ne réussissent pas, parce qu'ils ne s'y prenneut point naturellement.

**
* **

Une des erreurs les plus graves de certains jeunes gens, consiste à croire qu'agir selon la première inspiration est toujours se montrer peu avisé. Ils voient une chose si simple à exécuter, que, selon leur imagination, ce n'est pas comme ils l'envisagent qu'elle doit être accomplie. Aussitôt ils cherchent une autre manière et c'est justement alors qu'ils s'égarent.

**
* **

Une des causes qui retardent plusieurs jeunes géns dans la saine appréciation des choses de la vie, c'est l'opinion trop avantageuse qu'ils se font du monde. Ils l'aperçoivent bien tel qu'il est, au premier abord, mais comme il leur apparaît défectueux, ils se figurent le mal voir. De là, tout un enchaînement de fausses manœuvres, de mécomptes et de déceptions. Puis enfin les yeux se dessillent et l'on est étonné de réussir avec de bien moindres efforts.

Le cas inverse se présente fréquemment, aussi. Dans un autre passage de ce livre, ces excès opposés sont décrits et il est conseillé aux jeunes gens d'éviter soigneusement ce double écueil. Insister davantage sur ce sujet, serait tomber dans de fastidieuses répétitions.

4ᵐⁱᵒ Article. — *Application au travail.*

On entend dire parfois d'un homme qui reparaît parmi ses concitoyens, après s'être fait oublier pendant des années : « Tiens ! mais il a fait bien des progrès, depuis que nous ne l'avons vu ! » Assurément. Il a mis ce temps à profit en apprenant à mieux travailler.

Dix, quinze ans, se sont écoulés. Le jeune homme, jadis par trop naïf, a observé, médité, s'est accoutumé à devenir circonspect. Ses anciens compagnons — ceux qui étaient plus malins que lui —, le retrouvent ; ils s'apprêtent à sourire, comme autrefois, de sa gaucherie ;

mais les rôles sont changés, et, sans se départir de sa bonhomie native, le camarade ne permet plus qu'on le traite en bouffon.

5me Article. — *Notion des affaires.*

Beaucoup de jeunes gens ignorent qu'il est absolument indispensable, pour entendre un mot aux affaires et pour devenir, soit des magistrats, soit des administrateurs expérimentés, de travailler d'une manière un peu sérieuse chez un avoué ou chez un notaire, surtout chez un avoué. Ceux qui comprennent cette nécessité ont, pour la plupart, horreur des dossiers poudreux qui ne les intéressent en aucune façon, et répugnent à noircir du papier timbré pendant deux ou trois ans, quatre ou cinq heures chaque jour. C'est pourtant du temps gagné. Prenez, en effet, un avocat, même assez versé dans les matières juridiques, mais ayant négligé de se livrer à des travaux pratiques dans l'étude d'un officier ministériel. Assurément il finira par surmonter les difficultés de procédure qu'il rencontrera. Seulement elles l'arrêteront plus longtemps et certaines pourront lui échapper. Le cas est plus fâcheux encore, s'il s'agit d'un magistrat, car, celui-ci peut se trouver appelé à trancher, sur le siége, une question urgente ; que son inexpérience apparaisse au moment où tout le monde attend de lui la lumière, son autorité morale s'effondre sur-le-champ.

* *

Au sortir des écoles, on a la tête remplie de chefs-d'œuvre sublimes, et l'on rêve une existence toute peuplée de beautés intellectuelles. On ne songe pas que les *humanités* sont destinées à montrer, durant un laps de temps relativement restreint, ces admirables productions groupées comme en un brillant panorama, afin d'en donner une idée d'ensemble, mais que, dans la vie réelle, les situations vulgaires l'emportent de plus des neuf dixièmes sur celles où se présente l'occasion d'imiter les grands modèles. Hélas ! dans la vie réelle un vil prosaïsme s'impose. La poésie et les questions supra-sensibles offrent les plus grands attraits ; par malheur, l'homme n'est pas seulement esprit, et « les fatalités du corps » ont d'impérieuses exigences. Il faut gagner sa vie, partant se livrer parfois à des occupations bien banales.

6ᵐᵉ Article. — *Du retour sur soi-même.*

Pour se rendre compte si l'on a eu, dans la vie, plus de joies que de chagrins, il faut se demander : recommencerais-je volontiers mon existence ? La réponse est-elle négative, cela signifie que la somme des déplaisirs a dépassé celle des jouissances.

*
* *

En repassant dans sa mémoire une partie des circonstances où l'on a sottement perdu son temps, on est tenté de s'abandonner au désespoir. Mais on se console en songeant que l'on peut faire profiter les autres de sa propre expérience.

*
* *

Certains hommes ne se trouvent jamais suffisamment préparés à remplir des missions importantes. Il serait à désirer que ces personnes scrupuleuses prissent le dessus d'une pareille préoccupation, en considérant qu'appartenant à la moyenne des gens rassis par l'âge, l'expérience et l'étude, elles sont à même, aussi bien que toutes autres, de gérer des affaires sérieuses.

*
* *

Jusque vers sa trentième année (un peu plus tôt, un peu plus tard, suivant les sujets) il est sage de rechercher les conseils et l'appui des personnes plus mûres. Arrivé à cet âge, un homme est d'ordinaire suffisamment fort, au point de vue moral, pour cesser de s'étayer constamment d'autrui.

Si l'homme sérieux passe en revue ce qu'il sait, il constate que son bagage est assez restreint. Mais quand il envisage qu'arrivé à un certain âge, il a plus observé, réfléchi, étudié, que la moyenne de ses contemporains, il peut se permettre d'avoir, comme on dit, voix au chapitre. C'est le cas, pour lui, de se rappeler la réponse de ce philosophe à qui l'on demandait dans quelle proportion il s'estimait lui-même : « Très-peu si je me considère, et beaucoup si je me compare. »

7me Article. — *De la Prudence.*

Avant de faire un seul pas dans ce qu'on nomme « le monde », étudiez-le à distance. Il est dangereux de l'observer brusquement de trop près.

*
* *

Résistez à la tendance, si naturelle à votre âge, de vous confier, de vous *livrer* au premier venu. Les malins qui reçoivent vos confidences et qui les provoquent, — ce qui s'appelle vulgairement « tirer les vers du nez — », rient de votre naïveté et vous tournent en ridicule. En acquérant de l'expérience, il faut, non pas cesser d'être confiant, mais s'attacher à bien placer sa confiance.

*
* *

Quand vous possédez des documents ou des objets présentant quelque intérêt, évitez de vous en dessaisir. Communiquez-les « sans déplacer », pour s'exprimer en style de Palais.

8mo ARTICLE. — *De la Sagesse.*

On pourrait écarter les trois quarts de ses soucis. Le plus souvent, l'homme se crée des chagrins factices. Cela provient d'une foule de causes malaisées à détailler. Mais il est un fait positif : nous aggravons nos peines, de propos délibéré, en quelque sorte, par l'importance que nous attribuons à des événements ne méritant point cet excès d'honneur.

**

Ne faites jamais de menaces, eussiez-vous cent fois raison, si vous n'êtes pas sûrs d'avoir le dessus; ce serait encourir un ridicule justifié.

**

On ne doit pas faire et refaire son testament capricieusement, ni même sous l'inspiration d'un mécontentement fondé. Le mot testament signifie : témoignage suprême de notre conscience. Par conséquent, tester c'est s'affirmer soi-même. Pourquoi donc se démentir en modifiant ses dernières volontés sous l'influence d'une impression qui, par cela même qu'elle est passionnée, fausse nos véritables sentiments.

*
* *

L'âge fait quelquefois perdre de vue la raison des choses. Ainsi, les vieillards thésaurisent avec une âpreté d'autant plus tenace qu'ils approchent davantage du moment où ils n'auront plus besoin de rien. Prenons l'habitude, tant que nous sommes jeunes, de rechercher toujours les éléments qui nous permettent de juger sainement, en toute occasion. Et, de crainte d'oublier cette résolution, en devenant vieux, formulons-la par écrit.

*
* *

Ne dites jamais d'un homme : « c'est un vieil égoïste. » Vous ne savez pas par quelles épreuves il a passé. Et tel qui semble un égoïste a peut-être consumé la moitié de son existence à obliger ses semblables.

*
* *

Amusez-vous, mais n'allez pas jusqu'à la lassitude qui est l'ivrognerie du plaisir et qui dégrade. Amusez-vous, car si vous passez votre existence uniquement à travailler pour une gloire incertaine et presque toujours posthume, vous poursuivez une insaisissable chimère.

Mieux vaut profiter un peu de la vie qu'occuper le public de soi, jouissance douteuse et, somme toute, fort secondaire. Mais, tout en prenant de l'agrément, ne perdez pas de vue les prescriptions de la Morale.

9ᵐᵒ ARTICLE. — *Des rôles secondaires.*

Il est bon qu'un certain nombre d'hommes ayant l'aptitude à devenir des savants, se contentent d'être simplement des gens instruits. Ceux-là, par suite de circonstances quelconques, n'ont pu consacrer à l'étude les longues heures nécessaires pour acquérir un profond savoir. Mais ils ont porté une attention soutenue aux choses de la vie, et leur grande pratique des hommes les a disposés pour des rôles très-utiles, sur la scène sociale. C'est parmi eux que l'on devrait recruter les administrateurs; car, pour ce genre de fonctions, il faut un savoir plus étendu que celui de la généralité des citoyens et l'habitude de se mêler au public.

***

Bien des hommes consument leur existence en efforts impuissants pour arriver soit à produire une œuvre utile, soit à parler convenablement en public. Mais celui-là seul est sage qui, parvenu à l'âge viril, reconnaît que ses laborieuses tentatives sont vaines et se résigne à demeurer obscur. Sans renoncer à ces belles choses de l'esprit qu'il aime toujours avec ardeur, il s'attache désormais à les admirer chez autrui, au lieu de chercher à les enfanter lui-même. Que si, d'aventure, il compose quelque écrit supportable, en amateur, il laisse aux circonstances le soin de le propager. Quant à l'exercice de la parole, il ne s'y livre qu'en de rares occasions, avec conviction et simplicité, lorsqu'il est convaincu de servir l'intérêt général.

*
* *

Lorsqu'un homme s'est efforcé, jusqu'à l'âge mûr, de produire quelque ouvrage de valeur, et qu'il n'est parvenu qu'à constater son impuissance, il a obtenu, très-certainement, un résultat autre que celui qu'il poursuivait, mais néanmoins fort précieux : la désillusion. Il y a tant de médiocrités qui, jusque dans la vieillesse, jusqu'à la mort, croient fermement à leur génie !

10ᵐᵉ Article. — *Quelques pensées détachées.*

Il existe encore deux esclavages : celui de l'amour et celui d'un secret confié.

*
* *

Généralement, pour savoir commander à pro-

pos, il ne suffit pas de commander depuis longtemps, il faut encore avoir commencé de bonne
heure.

**

Quand vous voulez travailler, vous reposer ou
même vous distraire, condamnez impitoyable-
ment votre porte. Vous ne causerez de tort à
personne et vous y gagnerez; car, quatre-vingt-
dix-neuf fois sur cent, les gens viennent vous
déranger dans un but exclusivement personnel,
et sans nécessité actuelle.

**

N'avoir pas eu le temps, ne signifie pas toujours : avoir manqué de temps ; mais quelquefois :
avoir négligé de faire une chose en son temps.
Ainsi, une personne peut mourir à quatre-vingts
ans, sans avoir eu le temps de faire son testament.

**

Celui qui n'abuse ni de la vie, ni de la femme,
ni des enfants, ni de la bourse, ni de la propriété
de son prochain, n'a jamais de démêlés avec la
Justice. Il est en règle avec la Loi, mais il peut
ne pas l'être avec la Morale.

**

Lorsqu'on a vécu dans les coulisses, on connaît les *trucs* et les *ficelles* du théâtre. Plus on est près de la scène, plus le fard des acteurs se trahit. Ces deux propositions se résument élégamment dans ce vers bien connu de Racine :

Nourri dans le sérail, j'en connais les détours.

Et ce vers lui-même a pour traduction en langue vulgaire : quand on a vu les choses de près, elles manquent, le plus souvent, de prestige.

§ 11. — SUR LA FORTUNE PÉCUNIAIRE.

La fortune pécuniaire aura encore du prestige, en France, pendant une durée qui peut beaucoup se prolonger, par la raison que les pauvres et les ignorants seront longtemps assez simples pour s'humilier devant elle, alors même qu'ils ne retirent aucun profit de cette servilité.

*
* *

Dans notre siècle égalitaire mais si plein de contradictions, un homme ne peut guère acquérir de l'influence que s'il possède une certaine aisance ou s'il se fait craindre. Soyez bons sans fortune et vous serez inévitablement méconnus et foulés aux pieds. Ce n'est pas que le peuple, pris en masse, soit vénal et que l'on achète à prix d'or sa faveur. Cela tient uniquement à l'amour de nos contemporains pour tout ce qui brille, dussent-ils s'y brûler, comme le papillon à la flamme.

* *

Désirer l'égalité des fortunes afin que son voisin n'ait pas plus de biens que soi, c'est de la pure envie. Croire qu'une pareille égalité est réalisable, c'est une illusion enfantine. Beaucoup sont peut-être d'un avis différent. L'avenir décidera. Ce qui est certain, c'est que la génération actuelle, ni la suivante, ni d'autres encore ne verront ce rêve réalisé. Pour revenir d'un mot à l'égalité des fortunes, ceux qui la désirent absolue ne sont, on l'a déjà dit, guidés que par l'envie. Pourvu qu'il conquière l'aisance quotidienne, au moyen d'un travail raisonnable, sans être excessif, l'honnête homme peut marcher le front haut et a droit à la considération des plus opulents. Dans cette situation, il ne doit pas céder aux sentiments d'une basse jalousie. Par contre, la richesse ne doit pas être arrogante. Mais la Société, de son côté, doit aviser aux moyens d'empêcher l'homme loyal et laborieux de tomber dans la misère. Elle a aussi pour devoir de veiller à ce qu'il ne se forme pas des fortunes scandaleuses qui ne seraient pas basées

sur l'épargne, le travail, ou la spéculation honnête. L'épargne est légitime. Elle est même
obligatoire, au point de vue de la prudence
domestique, car elle représente les salaires que
les maladies et le chômage font nécessairement
perdre, à certains moments.

* *

La richesse est quelquefois un présent funeste
pour l'homme laborieux, à cause du temps que
lui font perdre les visites des gens qui viennent
chez lui pour *se poser*, en vertu de ce préjugé
que les personnes riches et celles qui vivent
dans leur intimité, sont dignes d'être considérées.

La sotte adulation des hommes pour les richesses, est telle, que le talent ne fait presque
jamais sa trouée d'une manière victorieuse s'il
n'est pas soutenu par la fortune.

* *

Il est avantageux pour les personnes intelligentes mais non douées d'une volonté très-
énergique, de ne pas posséder beaucoup de
fortune, au début de la vie, et même de n'en
point attendre d'une manière certaine, pour
l'avenir. Voici pourquoi : les gens riches ou sûrs
de le devenir, s'habituent de bonne heure, pour
la plupart, à n'imprimer aucun ressort à leurs

facultés intellectuelles, et se trouvent, en peu de temps, complétement effacés dans le milieu où ils vivent.

*
* *

On dit quelquefois d'un homme illustre : « Il vécut pauvre. » Celui-là n'a jamais été pauvre qui fut toujours et partout accueilli par les honnêtes gens avec égards et déférence.

§ 12. — SUR LES CONTRATS.

Quand vous avez conclu un traité, tenez-vous-en strictement aux termes de la convention , tant que son objet n'est pas totalement rempli. Jusqu'à ce moment, n'accordez absolument aucune concession à vos co-contractants. C'est l'unique moyen de rester en bonne intelligence avec eux. Après, lorsque le traité est exécuté et que les obligations de tout le monde sont accomplies, vous pouvez céder à vos inspirations libérales. Vous n'avez plus à craindre que votre générosité soit prise pour de la faiblesse et que l'on s'accoutume à recevoir comme dû ce que vous dispensez gracieusement.

*
* *

Lorsque vous faites un marché, lorsque vous

commandez des travaux, lorsque vous arrêtez des conventions quelconques , *avec qui que ce soit,* notez-en les détails dans un écrit signé *ne varietur* par vos co-contractants et par vous. Si quelqu'un se plaint de ces précautions, bornez-vous à répondre que vous êtes exposé vous-mêmes à commettre des oublis et que vous ne voulez pas, involontairement, contester plus tard des choses qui auraient été décidées.

*
* *

L'expérience démontre la justesse des observations suivantes. Lorsque vous avez agréé et payé un travail, vous êtes absolument libérés envers celui qui l'a effectué. Si vous avez un nouveau travail du même genre à commander et qu'il vous convienne de le confier à un autre industriel, ne vous croyez pas obligés d'en prévenir le précédent. En le faisant, vous penseriez accomplir un acte de déférence et ménager la susceptibilité de la personne. Erreur. Vous auriez beau prodiguer les motifs et les explications , l'industriel ne vous saurait aucun gré de votre démarche courtoise. Il en prendrait pied, au contraire, pour se dire, — de bonne foi, peut-être —, que vous devez vous sentir dans votre tort puisque vous prenez un tel souci de votre justification. S'il apprend indirectement votre résolution et qu'il vienne vous en demander la raison, bornez-vous à lui rappeler poliment que, ne lui devant rien, vous êtes parfaitement libres de vous adresser ailleurs, sauf à revenir à lui, une autre fois, si vous le jugez à propos et s'il accepte. Du reste il est puéril d'aller au-devant d'explications que, le plus souvent, les gens ne songeraient pas à vous demander.

*
* *

Payez promptement ce qui est convenu, mais jamais d'avance, si vous voulez être exactement et convenablement servis. Les industriels n'ont plus d'égards pour la monnaie reçue et ils font toujours passer devant l'ouvrage des pratiques dont ils attendent l'argent. Dans certains pays, on appelle le paiement fait d'avance : paie de bourreau.

§ 13. — PENSÉES DÉTACHÉES SUR LA FORTUNE.

Celui qui a imaginé d'appliquer le mot *gêne* à la pénurie d'argent, était un homme d'esprit, car l'argent gêne d'autant plus qu'on en possède moins.

Le mot *aisance* est également bien trouvé, attendu qu'on n'est jamais plus aise que lorsqu'on se sent de l'argent dans le gousset.

*
* *

L'argent qu'on a versé semble avoir moins de prix que celui qu'on a besoin de verser.

*
* *

Cent francs dépensés ne valent pas un sou à dépenser. En d'autres termes, l'argent employé ne compte plus.

*
* *

Quand on paie partout, on n'est pas souvent en mesure de prêter de l'argent.

*
* *

L'économie mal entendue est de la prodigalité. Souvent ce qui passe pour cher est le plus économique, car il est avantageux de payer trois fois plus un objet, s'il fait quatre fois l'usage de celui qui coûte trois fois moins.

*
* *

Lorsqu'on paie une dette, il vaut mieux avoir affaire à un malhonnête homme qui vous offre un reçu, qu'à un homme honnête qui vous le refuse.

*
* *

C'est avec des citoyens pauvres que se font les nations riches.

QUATRIÈME ENTRETIEN

DES LIAISONS

§ 1. — DE L'AMITIÉ ET DES FRÉQUENTATIONS.

« Aucune créature humaine n'est comprise par aucune créature humaine » a dit Taine. Si cet axiome n'est pas mathématiquement exact, il se vérifie dans un grand nombre de cas. Et pourtant chaque personne en a un certain nombre d'autres dans sa destinée, c'est-à-dire qu'elle se trouve forcément, dans la vie, en rapport avec plusieurs de ses semblables, toujours les mêmes, par suite du concours des circonstances.

*
**

On entend dire, dans sa première jeunesse, que, passé vingt ans, les amitiés qui vous viennent ne sont pas solides. C'est, en général, la vérité. Les amitiés que l'on contracte, à l'âge d'homme, ne poussent pas les profondes racines de celles qui sont nées dans la tendre enfance ou dans l'adolescence.

*
* *

Lorsqu'on avance dans la vie, on s'aperçoit qu'il devient de plus en plus difficile de se créer des relations sûres et durables. Les connaissances qu'on fait ne parviennent guère à se convertir en liaisons cordiales. Le moindre froissement d'amour-propre sépare les personnes unies par un lien éphémère dû au hasard, aux rapports de positions, aux convenances sociales. Ce lien se rompt d'autant plus vite et d'autant plus inopinément que vous vous êtes montrés plus familiers. Si, pour employer une expression vulgaire, on se laisse monter sur les épaules et manger dans la main, il arrive un moment où, quelle que soit votre facilité d'humeur, vous regimbez instinctivement. Souvent, pour conserver la paix, vous voudriez racheter le mouvement involontaire, mécanique, en quelque sorte, auquel vous vous êtes livré ; mais il est trop tard, la rupture est irrévocable.

*
* *

Un jeune homme désireux d'utiliser sa valeur et de l'accroître, doit rechercher les hommes supérieurs dont il n'a pas à redouter l'envie, qui lui rendront volontiers justice et perfectionneront ses talents, par leurs conseils et leurs exemples.

Cultivez la société des hommes meilleurs, plus intelligents et plus instruits que vous, ou tout au moins vous égalant, à ces divers égards. Lorsque vous constatez que certaines de vos connaissances manquent de bonté ou de jugement, ou bien d'intelligence, ou encore d'un savoir suffisant, cessez d'entretenir avec elles des relations suivies. Vous ne commettrez pas un acte répréhensible, car vous demeurerez prêts à rendre service, le cas échéant, à ces personnes. Mais vous restituerez à un usage plus utile le temps qu'elles vous faisaient perdre.

On ne conseille point, — il est à peine besoin de l'indiquer —, de rompre toute fréquentation avec les personnes ignorantes, pour cet unique motif. Il faut, au contraire, nous mettre en relations suivies avec ceux de nos semblables qui cherchent à s'instruire, car nous pouvons beaucoup les y aider. On vise uniquement, ici, les ignorants futiles et présomptueux dont la compagnie porte tort, de toute manière.

*
* *

Économisons l'amitié, comme un bien très-précieux, et ne l'accordons qu'à bon escient.

*
* *

« Toutes les grandeurs de la terre, ne valent pas un bon ami », a dit Voltaire, dans un de ses petits romans les plus touchants : *Jeannot et Colin*.

*
* *

Certaines personnes ont l'amitié *barbelée*. Elles ne peuvent la retirer, quand une fois elles l'ont décochée à quelqu'un.

*
* *

Ni le dévouement, ni le talent, ni aucune qualité du cœur et de l'esprit, ne vous procurent nécessairement des amis. Ils vous viennent ou ne vous viennent pas, voilà tout ; c'est une question d'affinité.

*
* *

Soyez un ami sincère et dévoué, mais ne comptez guère être payé de retour. Contentez-vous des apparences, et tâchez de vous faire illusion. C'est déjà beaucoup que de rencontrer, dans le cours de la vie, un être qui vous écoute patiemment, reçoit volontiers vos confidences, et semble prendre à cœur vos moindres intérêts. Le plus souvent ce fidèle Achate s'en soucie assez peu, au fond. Mais qu'importe ? Extérieurement, le résultat est le même. Sachez donc en être satisfait.

* *
*

Un homme a deux amis : l'un puissant, l'autre obscur. Entre ceux-ci, s'élève un différend. Si cet homme affectionne, à titre égal, ses deux amis, il observera la plus stricte neutralité, ou bien il déclarera, courtoisement, mais en toute franchise, de quel côté, selon lui, se trouve le bon droit. Mais si cet homme recherche secrètement, dans ses liaisons, son intérêt personnel, au lieu des jouissances du cœur, il .voudra se conserver la faveur de l'ami puissant et n'hésitera pas à donner tort à l'autre, eût-il dix mille fois raison.

* *
*

Les grandes démonstrations ne prouvent rien. Certaines gens sont tellement « en dehors » qu'il ne leur reste rien dans le cœur.

* *
*

Les jeunes gens doués de beaucoup de cœur et de naïveté, poussent à l'extrême les devoirs de l'amitié. Leur arrive-t-il un héritage, ils se feraient un cas de conscience de n'en pas dire le chiffre précis, à ceux qu'ils croient leurs bons amis. Ont-ils une bonne fortune, le scrupule leur commande de la révéler aux mêmes amis. De même pour tout ce qui les touche de prés ou de loin. Quant aux « bons amis », ils se moquent en secret de ces natures expansives.

* *

Vous croyez nécessaire, mais suffisant, de prouver du talent pour obtenir des fonctions publiques. Double erreur. La seule condition requise consiste à posséder un groupe d'amis influents. Toutefois, évitez de devenir les subordonnés d'anciens camarades.

* *

Deux particularités nous préservent, en partie, des abus de la camaraderie. La première, c'est la prudence des « hauts fonctionnaires » qui n'hésitent pas à repousser des requêtes, même parfaitement fondées, dans la crainte, précisément, qu'on ne les accuse de les avoir accueillies à cause de leur intimité avec les postulants. La seconde, c'est la vigilance des solliciteurs attendant leur tour. Ils guettent les passe-droits, prêts à provoquer du scandale.

* *

L'amitié l'emporte sur l'amour en ce sens qu'elle est plus désintéressée.

* *

Les envieux vous accordent leur amitié lorsqu'ils ne découvrent dans votre personne aucune qualité susceptible de les inquiéter.

*
* *

L'expression populaire « amis jusqu'à la bourse », présente beaucoup de vérité. Prêtez de l'argent à un camarade, vous ne tarderez guère à vous brouiller avec lui, non pas infailliblement, mais dans bien des cas. Voici le plus singulier : c'est, presque invariablement, l'obligé qui prend l'initiative de la rupture.

*
* *

Certaines personnes s'intitulent vos amis et vous ne pouvez leur donner un démenti, bien que vous sentiez parfaitement qu'elles n'hésiteraient pas à vous causer les plus grands torts, si l'occasion s'en présentait.

*
* *

La bonne entente s'altère parfois entre deux hommes occupés de travaux différents, lorsque l'un sort de sa sphère et censure l'ouvrage de l'autre : il tombe dans le travers du cordonnier jugeant le tableau d'Apelle et critiquant la draperie, au lieu de s'en tenir à la chaussure.

*
* *

Quand un homme médiocre vient à mourir, un ami peut, sans beaucoup de peine, assurer la considération à sa mémoire, à la condition qu'il prononce immédiatement son panégyrique. L'Opinion n'a pas encore eu le temps d'asseoir son jugement, et le défunt n'ayant signalé son existence par aucun trait remarquable, soit en bien, soit en mal, le public accepte volontiers comme véridique l'éloge funèbre qu'on lui débite. Et, plus tard, si le nom de ce trépassé se trouve, par hasard, prononcé, cette phrase vient à l'esprit : « Ah ! oui, c'était un fort digne homme. »

§ 2. — DE LA CORRESPONDANCE.

Les personnes expansives consument un temps considérable en correspondances démesurées avec des gens qui, dans le fond, ne leur portent aucun intérêt.

*
* *

On reprochait, un jour, à un homme, de trop écrire et notamment, d'écrire trop de lettres. Ce fut un vrai bonheur pour lui d'apprendre qu'il avait une *caractéristique*. Il répondit : « Moins écrire !... Point ! Je ne veux pas renoncer au défaut (puisque défaut il y a) qui détermine ma personnalité. » Ce n'était là qu'une boutade inspirée par le dépit de mériter le reproche formulé.

N'écrivez donc pas trop de lettres, car elles servent rarement et nuisent dans bien des cas.

*
* *

En général une lettre a l'air d'une manifestation d'égoïsme. Effectivement, comme on n'est pas en présence d'un interlocuteur, il ne peut guère y être question que de soi. Aussi, soyez extrêmement sobres, dans vos correspondances ; elles n'en paraîtront que plus intéressantes.

*
* *

L'usage de mettre des salutations au bas des lettres, constitue une insanité et une misérable perte de temps. Une insanité, car on sait bien que ceux à qui l'on écrit comptent sur votre considération, votre sympathie, votre respectueux dévouement, etc. Une perte de temps, parce que, si l'on écrit dix lettres, la doxologie finale, répétée dix fois, représente les moments qu'on aurait pu employer à en rédiger une onzième.

*
* *

Des personnes ont l'habitude, ancienne déjà,

de conserver les lettres non-seulement de leurs amis, mais encore de tous les gens qui ont correspondu avec elles. Ce fut d'abord par respect, par affection ou par pure manie de collectionneur. Dans la suite, on réfléchit que les lettres peuvent servir d'armes défensives. Et tel homme ou telle femme, fort paisibles d'ailleurs, auraient la facilité de vouer au ridicule des malins réputés consommés, si ceux-ci, oublieux de missives où ils se sont, jadis, faits mendiants et adulateurs, s'avisaient de les molester.

*
* *

On demandait à un épistolier frénétique s'il ne serait pas très-contrarié que certaines de ses lettres fussent livrées à la publicité. « Nullement, répondit-il ; je verrais, avec indifférence publier toutes mes lettres, sans exception. C'est dans la correspondance qu'un homme se révèle ; je sais que je n'ai jamais rien écrit de criminel, cela suffit à me rassurer. Quant au reste, j'ai assez de philosophie pour supporter qu'on fournisse *urbi et orbi* la preuve que j'ai été souvent niais, maladroit, vaniteux, etc. Le tableau des sottises que j'ai faites, dites ou écrites, dans le cours de ma vie, me servira peut-être à mieux me connaître et à mieux me réformer encore ».

*
* *

Un membre distingué de la *Société des gens
de Lettres,* M. Louis de Vallières , écrivait dernièrement, à l'auteur de ce livre : « J'ai eu des
amis avec lesquels j'ai dû rompre pour une
cause ou une autre ; par dépit, ils ont traîné
les confidences que je leur avais faites, les
épanchements que j'avais eus avec eux ; ils se
sont moqués de ces heures d'abandon et de rêverie qui embellissent l'amitié ; je me suis bien
gardé de les imiter ; je n'ai jamais donné mon
amitié à la légère ; je me suis pourtant trompé
quelquefois, mais je me considérerais comme
indigne si je ne professais pas le plus grand
respect pour un homme que j'ai honoré de mon
amitié. » (11 octobre 1882).

Voilà qui est entendre noblement l'amitié. On
doit, en effet, à sa propre dignité de conserver
des égards, même après une rupture définitive,
pour les personnes avec lesquelles on entretint
naguère des relations assidues.

*
* *

Il est très-peu de circonstances, dans la vie,
qui vaillent la peine que deux amis se brouillent.

*
* *

Renoncer au commerce de personnes dont

vous ne partagez pas les opinions politiques ou religieuses, uniquement par la crainte que vos coreligionnaires ne vous soupçonnent de trahison, constitue, au premier chef, une inqualifiable lâcheté. Deux situations existent : d'une part, la fréquentation de ces personnes vous convient ; de l'autre, nul ne méconnaît votre attachement inébranlable à vos principes. Ces deux situations ne s'excluent pas mutuellement. Elles peuvent, sans inconvénient, rester concomitantes. Aucune incompatibilité n'apparaît. De quel droit, par conséquent, vos coreligionnaires vous interdiraient-ils des maisons dont les hôtes vous ouvrent les portes, quoique vos sentiments diffèrent sur certains points ?... Gardez donc la plus complète indépendance, la plus grande liberté d'allures, et ne sacrifiez aucun ami à des exigences tyranniques. M. Alfred Naquet écrivait, le 29 mai 1879, à un journal qui lui reprochait nous ne savons plus quelles relations : « Je suis de ceux qui pensent que la France deviendrait inhabitable si l'on devait absolument se fuir lorsqu'on ne pense pas de même. Je vais jusqu'à trouver que la contradiction aiguise l'esprit et a souvent pour effet de fortifier un homme dans ses propres principes. »

Charles Gounod, décidément littérateur non moins que musicien, a écrit ceci, dans son splendide éloge de Mozart : « L'*intimité* est la

quintessence de la vie : c'est le tabernacle de
tous les grands recueillements, l'amitié, l'amour,
le génie (cette forme particulière de l'extase) :
l'intimité, c'est le face-à-face avec les confidences
du divin. »

*
* *

On rappelait un jour à un homme une lettre
de lui parfaitement ridicule. Il répondit : « Je
ne désavoue rien de ce que j'ai dit, fait ou écrit
depuis que je me connais. Dans ces trois manières
de se manifester, on commet, à coup sûr, bien
des sottises ; mais si je reniais un acte quelconque de ma vie, je tromperais mes amis, je
les dérouterais, je les empêcherais de me juger,
à l'avenir, avec certitude. Ce serait mensonger,
hypocrite et maladroit.

*
* *

Si les personnes de votre connaissance sont
nombreuses, vous ne pouvez, matériellement,
entretenir avec chacune d'elles une correspondance très-fréquente. Vous ne pouvez, surtout, prendre constamment l'initiative. Aussi,
quelqu'un vous reproche-t-il de lui écrire trop
rarement, ripostez doucement que vous ne
laissez jamais une lettre sans réponse. Il n'y a
rien à répliquer, car pourquoi commenceriez-

vous toujours le premier?... Maintenant, si vous deveniez un homme d'Etat très-occupé, vos amis ne se montreraient pas bons citoyens en exigeant que vous répondiez à toutes leurs missives et que vous dérobiez ainsi une partie de votre temps aux affaires publiques.

CINQUIÈME ENTRETIEN

DES JUGEMENTS HUMAINS

§ 1. — DU RIDICULE.

Quelquefois, dans la conversation, on lance une pointe contre un absent. Si celui-ci entendait, il éprouverait comme la sensation d'un coup de stylet en plein cœur. Chacun en effet, s'imagine que les autres attribuent à ses ridicules l'importance qu'il attache à leurs moqueries. C'est heureusement une erreur. L'instant d'après, le railleur ne songe plus à sa victime. Chaque individu a bien assez de penser à lui, pour s'occuper longtemps d'autrui, même en mal.

*
* *

Les gens affectés des plus grands ridicules sont ceux qui les cherchent davantage chez le prochain. Ce serait à croire que l'habitude d'observer les leurs, les fournit d'un tact tout particulier pour ce genre de découverte. Cependant, il n'en est rien. Par une singulière aberration, les personnes chargées de ridicules s'imaginent précisément n'en point avoir du tout.

**

Il n'existe pas un homme qui ne présente le flanc au ridicule. S'il s'en trouve qui aient échappé, jusqu'à présent, à la raillerie, c'est que sans doute, leur Martial ou leur Voltaire ne les a pas rencontrés ou bien a considéré que son temps était trop précieux pour le perdre à s'occuper d'eux.

**

Il ne suffit pas de tourner une personne en ridicule pour qu'elle le soit. Et tel dont on se gausse par derrière mettrait probablement les rieurs de son côté si le bouffon osait l'attaquer en face.

**

« Le ridicule tue. » Ce qui en sauve, c'est qu'il est impossible que chacun ait constamment présents à la mémoire les ridicules de tous les autres. Différemment, les grands hommes seraient introuvables. N'a-t-on pas dit : « Il n'y a pas de grand homme pour son valet de chambre ? »

* *
*

On dit : le ridicule tue, en France. Précisons bien. Le ridicule qu'on nous donne à tort peut ébranler quelque temps l'Opinion. Mais elle revient. Ce qui tue véritablement, c'est le ridicule qu'on se donne soi-même, c'est-à-dire le ridicule mérité. En cette matière, mieux encore qu'en toute autre, rit bien qui rit dernier.

§ 2 — DE LA RENOMMÉE.

Gardez-vous de céder au désir de briller prématurément. Les talents en apparence précoces, ont le sort des fleurs écloses en serre chaude. Ils sont peu durables. Ou, pour parler plus exactement, ils ne peuvent conserver l'éclat factice qu'on leur a prêté. Il vaut mieux que votre talent mûrisse paisiblement afin que, si les circonstances vous appellent à prouver votre valeur en public, vous vous montriez à la hauteur de votre rôle.

* *
*

Jeunes gens qui avez la noble ambition d'acquérir de la renommée, ne craignez point de rester des hommes médiocres, pour l'unique raison que vous n'avez pas constamment observé un imperturbable sérieux. Ceux qui affectent un extérieur invariablement austère, n'offrent pas nécessairement les plus sûres garanties de gravité véritable.

*
**

Quelquefois il suffit, pour passer à la postérité, d'écrire des balivernes ou des médisances, d'être extravagant, cynique, ou bien encore aventurier.

*
**

Au-dessus des hommes dignes de passer à la postérité pour leur génie, il faut placer ceux qui consacrèrent leur vie au bonheur de l'Humanité.

*
**

Pour qu'un homme arrive à la gloire, il faut qu'il n'ait pas un envieux ou qu'il en ait beaucoup. Pas un, cela se comprend, mais ne se réalise guère. Beaucoup, voici pourquoi : l'Opinion voyant des détracteurs nombreux s'acharner contre lui, en vient à prendre son parti et le porte au pinacle, alors qu'elle l'aurait, peut-être, laissé passer inaperçu s'il n'eût pas été persécuté.

*
**

Dans ce monde, où l'envie se déchaîne avec tant d'activité, on n'a, pour ainsi dire, quelque chance de rencontrer comme prôneurs que des personnes n'ayant pas de prétentions au même genre de renommée.

**

Dès qu'un homme commence à être connu, chacun veut savoir comment il est fait, s'il est grand ou petit, brun ou blond, gras ou maigre, de quelle forme est son nez, de quel émail sont ses dents, et mille autres détails. Le plus sûr serait d'attendre qu'il publiât lui-même son portrait, et, de la part des curieux, d'en vérifier ensuite *de visu*, l'exactitude.

**

Les hommes qui, dès leur jeunesse, visèrent à la célébrité, consacrèrent tous leurs instants à ce but. X..., par exemple, n'a pas écrit une ligne, accompli un acte, fait une démarche, exécuté un geste, dit une parole, dans toute son existence, qui ne tendît à cette fin, Et il y est parvenu. Mais une qualité peut suppléer à tant d'efforts : *la bonté sincère..* Il est vrai qu'elle ne s'acquiert ni ne se simule : c'est un don naturel. Le public sent cela ; il se méprend très-rare-ment.

**

« Impossible n'est pas français » a dit Napoléon Bonaparte. Phrase à effet mais absolument creuse, qui a fait fortune dans le monde, comme tant d'autres, et comme celle-ci encore : « Soldats, songez que du haut de ces pyramides quarante siècles vous contemplent ! »

*
* *

Il est des hommes (et ce ne sont pas les moins bien avisés) qui font peu de cas de la gloire politique et de la gloire militaire, et qui leur préfèrent l'estime générale en tant qu'hommes de talent.

§ 3. — DU PRESTIGE.

On doit, en général, éviter avec le plus grand soin d'identifier une idée avec un personnage déterminé, parce que cette coutume engendre la tendance funeste à personnifier l'idée et à idéaliser le personnage. Mais il se rencontre, par intervalles, des individualités tellement en évidence que leurs noms rappellent tout un corps de doctrines et sont, à eux seuls, des symboles.

*
* *

On a rappelé plus haut ce dicton : : il n'y a pas de grand homme pour son valet de chambre.

Parole profonde et très-vraie. Chacun peut s'en rendre compte, par analogie. Entrez, par exemple, en relations avec des familiers d'un homme illustre, aussitôt ils vous prodigueront les détails sur sa personne et ses habitudes, et vous sentez, au même instant, diminuer, à vos propres yeux, le prestige qui l'entourait.

***

Il est avantageux pour les hommes intelligents, occupant des places élevées, d'avoir des collègues bornés qui affectent des airs de grandeur. Ceux-ci maintiennent le prestige de la fonction, au profit de la compagnie entière, bien que personnellement détestés à cause de leur arrogance, tandis que les premiers continuent à recevoir les hommages, en raison de leur position, et les témoignages d'affection, en raison de leur bienveillance.

***

On doit rendre au mérite la justice qui lui est due. Mais il faut éviter qu'un homme, aussi digne de considération qu'il puisse être, inspire cette admiration servile, presque religieuse, qui envahit parfois les esprits et les abîme dans un respect superstitieux.

***

Pour obtenir du prestige, il ne suffit pas d'avoir du mérite ; il est encore nécessaire de se tenir hors de la portée de l'examen indiscret du public, comme l'empereur de la Chine. On en rit, mais cela réussit infailliblement.

***

Attachez-vous avec une impitoyable ténacité à détruire le faux prestige ; et apprenez à discerner le véritable.

***

Un évêque, un premier président, un maréchal de France, sont comme des êtres surnaturels aux yeux des desservants, des simples juges et des sous-lieutenants. Pour un citoyen indépendant, ce sont des hommes comme les autres, sauf, bien entendu, la différence marquée par les vertus et les talents. Mais ces personnages supportent malaisément cette ventilation.

***

Des hommes partis de bas, pour employer une expression regrettable mais non encore remplacée, furent tellement habitués, au début de leur vie, à regarder les fonctionnaires d'un ordre élevé comme des êtres d'une nature supérieure, qu'arrivés eux-mêmes aux honneurs, par une faveur inespérée de la fortune, ils exigent, dans toute son intégrité, la somme d'hommages qu'ils décernaient jadis à leurs supérieurs.

*
* *

Celui qui écrit ces lignes a exercé plusieurs fonctions et n'a jamais recherché le prestige. Il convient, d'ailleurs, que, sur ce point, sa vertu n'éclate guère, vu qu'il n'a jamais beaucoup prisé un pareil avantage. Même il avoue, à sa confusion, n'avoir encore rencontré que fort peu de personnes qui possédassent du prestige de bon aloi. Aussi en est-il un contempteur déterminé, à moins qu'on ne le justifie clairement devant lui, auquel cas sa déférence se manifeste sur-le-champ.

§ 4. — DE LA RÉPUTATION.

Pascal a dit : « C'est un grand avantage que la qualité qui, dès dix-huit ou vingt ans, met un homme en passe, connu et respecté comme un autre pourrait avoir mérité à cinquante ans : Ce sont trente ans gagnés sans peine. » *(Pensées, prem. part., art. VIII, pens. XVI).*

*
* *

A certains égards, la réputation se paie, aux dépens de l'escarcelle, comme tout le reste.

S'agit-il, par exemple, de la gestion de votre fortune pécuniaire, si vous défendez énergiquement vos intérêts, vous êtes qualifié de ladre ; si vous les discutez tranquillement, on ne dit de vous ni bien ni mal (plutôt un peu de mal, cependant.) Ce n'est que si vous êtes *coulant*, c'est-à-dire un peu dupe, qu'on daigne vous considérer comme large en affaires.

* *

Des hommes très-avides de notoriété éprouvent pourtant une répugnance invincible à se produire en public. Est-ce modestie, réserve, timidité ? — Le plus souvent, c'est excès d'amour-propre.

* *

L'homme de mérite s'illusionne lorsqu'il attend une justice spontanée de la part du public. Il faudrait pour cela qu'il y eût plus de connaisseurs consciencieux qu'il n'en existe.

* *

Chose triste à constater, un homme qui a du talent se trouve dans la nécessité de l'indiquer lui-même, sinon, règle générale, personne au monde ne s'en chargera.

* *

Quand on veut acquérir de la réputation, il faut, personnellement, faire de la réclame. En cette matière, comme en mainte autre, mieux vaut s'en remettre à soi-même qu'au prochain. Ce n'est pas lé plus bel aspect de l'Humanité, mais tout le monde le connaît.

*
* *

Si vous êtes supérieur aux autres, ceux-ci ne peuvent pas s'en rendre compte ; il faut donc que vous le leur indiquiez vous-même. Ce courage vous manque-t-il, votre prétendue supériorité n'est qu'un leurre..., ou plutôt, hélas ! vous n'êtes pas un homme de notre siècle.

*
* *

Le monde est un théâtre ; pour y briller, il faut que, même ce qui est beau, se pare de couleurs forcées.

*
* *

Les présomptions s'imposent, même aux personnes qui, par leur profession et leurs observations, devraient s'être fait une opinion certaine. Ainsi, quelquefois, les médecins et les avocats disent, de confiance, qu'un confrère est capable, alors qu'il leur serait très-facile de se convaincre du contraire. Puis il y a la tactique des hommages réciproques. Vous faites l'éloge d'un autre, dans l'espoir que ce dernier, venant à l'apprendre , vous paiera de retour. Mais cet expédient réussit mal , assez souvent , car celui que vous avez vanté , convaincu de sa haute valeur , accepte vos louanges comme légitimement dues, sans se croire obligé de vous rendre la pareille.

* * *

La plupart des hommes, dans le milieu dit intelligent, s'imaginent, secrètement, être supérieurs à tous les autres. Heureusement, ils reconnaissent à certains de leurs émules les qualités que ceux-ci possèdent, tout en s'attribuant, *in petto*, l'avantage. C'est ce jeu de l'orgueil humain qui finit, somme toute , par classer chaque personnalité au rang qui lui convient réellement.

* * *

Une coutume très-sensée, généralement usitée dans les corporations et les sociétés savantes, consiste à ne pas voter pour soi, quand il s'agit de constituer le bureau, de nommer une commission, de conférer une distinction. Cette coutume est pourtant née du *convenu* et de la *courtoisie*, institutions aux errements si fréquemment funestes. C'est un des rares produits honnêtes de ce couple hypocrite. Si chacun pouvait décemment voter pour soi, la majorité nécessaire ne se réaliserait jamais. Il arrive encore ceci d'avantageux : les suffrages se portent d'ordinaire sur ceux qui en sont véritablement les plus dignes.

*
* *

Le sarcasme est quelquefois un trait bien cruel et dépasse le but visé par celui qui le lance. Ainsi, par exemple, c'est porter à un médecin un coup dont il ne se relèvera pas, que de dire : « Son seul titre à la confiance des malades est la réputation que son père s'était acquise. » Cette phrase, nous l'avons lue dans un journal. Elle est d'un médecin s'exprimant sur le compte d'un confrère.

*
* *

Ce livre donne, dans un entretien précédent (page 57), un conseil qu'il n'est pas inopportun de répéter ici :

« Ne cherchez pas à savoir ce qu'on dit de vous par derrière. Neuf fois sur dix c'est du mal. »

*
* *

Si chacun savait tout ce qu'on dit de lui, soit en bien, soit en mal, il deviendrait fou d'orgueil ou de désespoir. Ne vous préoccupez donc pas des appréciations dont vous êtes l'objet hors de votre présence.

Alfred Assolant a exprimé la même idée, en ces termes : « Celui-là est un sot qui veut savoir ce qu'on pense de lui et qui a la faiblesse de s'affliger ou de se réjouir quand il est blâmé ou loué par les autres hommes. » (L'*Aventurier*).

***

Quelquefois ce n'est pas tant la scélératesse réelle des gens ou leur sottise qui les condamnent à la réputation de coquins ou d'imbéciles, que l'habileté de leurs ennemis à les faire passer pour tels.

***

Il vaut mieux, dans cetrains cas, être condamné par les gens d'esprit que loué par les imbéciles.

***

Si certaines réputations s'établissent en mal, sans que rien explique cette rigueur, il en est d'autres qui brillent d'un vif éclat, sans justification aucune. Mais personne n'ose toucher à celles-ci : on craint de passer pour envieux en attaquant une gloire que l'on sait pourtant parfaitement usurpée. Seulement, quelqu'un risque-t-il une petite critique, aussitôt la boule de neige de grossir ! Il en est de même pour ce qu'on a qualifié de « faux bonhomme. » Le tartufe, une fois entamé, sa renommée d'austérité disparaît vite tout entière.

*
* *

Vous devez toujours, si vous êtes plus habile que sincère, donner la supériorité, en toutes choses, à un interlocuteur prétentieux. Vous pouvez impunément mettre tous les autres plus bas que terre, aux yeux de celui-ci, pourvu que vous lui attribuiez la suprématie. Par ce moyen, vous avez quelque chance qu'il daignera vous placer au-dessus des autres, excepté, bien entendu, au-dessus de lui-même. Ce manége répété près de chaque interlocuteur nouveau, vous procurera bientôt une légion de prôneurs qui vous déclareront, chacun, supérieur à n'importe qui, toujours sous la restriction mentale : « hormis à moi. » Mais si vous voulez garder votre dignité, avec la perspective de rester perpétuellement obscur, ne consentez à flagorner personne. Balance faite, vous y gagnerez encore.

*
* *

Vous avez beau avoir atteint l'âge raisonnable, être intelligent, instruit, laborieux, même bien fait de votre personne, — particularité prise pourtant en considération, dans tous les milieux —, posséder, en un mot, cet ensemble de qualités qui paraissent assurer l'appui des gens « posés », tout cela réuni ne suffit point. Il faut, de plus, que vous soyez *accepté*. Et cette condition ne résulte pas nécessairement, dans la pratique du monde, de l'existence de celles énumérées plus haut. Elle en est absolument indépendante. Bien plus, elle ne s'en inquiète nullement. En d'autres termes, plaisez et c'est assez. Ce résultat acquis, les hautes qualités dont vous êtes orné, vous serviront, par surcroît. Sans lui, essayez quoi que ce soit, on vous passera au crible, on contestera vos mérites les plus évidents, on suspectera vos sentiments les plus manifestes, on interprétera méchamment vos actes les plus loyaux. Si ces jugements malveillants étaient portés par des personnes simplement égarées, honnêtes, au fond, et intelligentes, on en souffrirait assurément, mais on n'en serait point humilié. Puis on espérerait un retour favorable. Ce qui est désespérant, c'est de se voir jauger par des imbéciles et des intrigants.

Le monde est ainsi fait : il juge un homme dès le début de sa carrière. Renseignés à cet égard, de piètres sujets préparent laborieusement leur entrée en scène, et produisent ordinairement l'effet qu'ils cherchaient. Ils ont eu l'habileté de faire croire à la réalité de leur talent factice. Quoi qu'il en soit, vivant désormais sur une réputation usurpée, ils n'ont plus à s'inquiéter de réfléchir et d'étudier.

Vous qui avez un savoir réel, ne restez pas au-dessous de ces larrons de renommée. Ne cédez point à une timidité, trop fréquente chez ceux qui ont du mérite, et confessez courageusement vos talents.

*
* *

La renommée des orateurs, des savants, des artistes, des littérateurs, s'établit d'après le niveau intellectuel de l'époque même où ils vivent. Ainsi, notre temps est marqué par la diffusion de l'instruction, — ce qui est un grand bien, — mais aussi par son peu de profondeur, — défaut destiné, espérons-le, à diminuer de jour en jour. Toujours est-il qu'actuellement un renom flatteur s'attache à des personnalités fort médiocres, tandis que d'autres, pleines de valeur, passent inaperçues. Cependant les hommes versés dans les sciences proprement dites — physiques, naturelles, mathématiques — méritent généralement leur réputation, parce que ce sont, également, des savants qui la consacrent. Mais, il faut bien le reconnaître, elle ne rayonne pas très-loin, et si, pour quelques-uns, elle s'étend assez, c'est que le public accepte facilement des opinions toutes faites.

Ce qui précède n'est pas absolu. On peut apprécier à sa juste valeur un peintre, un musicien, un poète, sans manier soi-même le pinceau, l'archet ou la lyre. Pareillement, on peut se rendre compte du génie d'un physiologiste, d'un physicien ou d'un chimiste, sans être un Claude Bernard, un Dumas ou un Pasteur.

Ne vous prenez d'enthousiasme qu'à bon escient en faveur des prétendus phénix, des enfants prodiges, des jeunes phénomènes savants, que l'on prépare, par des procédés spéciaux, comme on fait d'une pièce anatomique, pour les exhiber ensuite en public. Chez presque tous, le fond et le vrai savoir manquent d'une manière absolue. Au surplus, un jeune homme de douze ou treize ans, fût-il un nouveau Pic de la Mirandole, ne saurait, à cet âge, avoir acquis diverses notions que procure seul le fait d'avoir vécu pendant un certain temps.

Aussi infime que l'on soit, on est jugé, sous tous les aspects possibles, par les personnes de

sa connaissance. Elle vous épluchent, vous dis-
cutent, vous interprétent et inévitablement vous
condamnent sur certains chefs. Mais comme les
juges ne sont, ni parfaits, ni pareils quant au
caractère, à l'instruction, à l'intelligence, les jugements les plus opposés se produisent. En sorte
qu'il devient à peu près indifférent d'être l'objet
de pareils examens.

*
* *

Nous entendons des gens très-peu éclairés,
en réalité, sur la manière d'être d'un personnage
plus ou moins important, dire à tout bout de
champ, afin de paraître bien renseignés : « X...
fait ceci de telle façon ; il pense sur ce sujet
dans le sens que voici ; il aime qu'on lui parle
sur ce ton ; il se plaît à développer cette thèse, »
etc... La plupart du temps, ces prétendus con-
fidents ou ces prétendus observateurs, n'ont reçu
aucune confidence ni recueilli aucune observation. Ou bien ils ont entendu de travers et vu
louche.

*
* *

Un homme ne doit être jugé irrévocablement
qu'après sa mort et sur ses discours, ses écrits,
ou ses actes. Sans un de ces trois éléments, nul
n'a le droit de se prononcer sans appel sur son

compte. Et tant qu'il n'est pas mort, il a la faculté de se racheter, s'il fut coupable.

****

Un jour, celui qui écrit ce livre, étant en voyage, entendit une conversation de laquelle il résultait qu'un jeune homme de moins de trente ans avait lu tous les historiens, tous les philosophes, tous les moralistes, tous les théologiens, tous les jurisconsultes, tous les physiciens, tous les chimistes, tous les naturalistes, etc., et qu'il les avait lus *avec fruit*. — Le fils de Giboyer, « docteur ès-lettres, docteur ès-sciences et docteur en droit » n'était qu'un cancre auprès de lui. — Sans vouloir amoindrir le mérite de personne, on a bien le droit de faire un peu d'arithmétique et de se demander combien il faut d'heures à quelqu'un pour lire, *avec fruit*, cent in-8°, et combien d'in-8° forment un bagage semblable à celui du bon jeune homme de tantôt. Généralement, ceux qui affirment que X ou Z ont « tout lu » prouvent qu'ils ont peu lu eux-mêmes ou qu'ils voudraient que X ou Z leur rendissent la pareille.

****

Est *célèbre* qui veut. Il suffit d'une forte excentricité, comme celle d'Empédocle se précipitant dans le cratère de l'Etna. Mais n'est pas *illustre* qui veut, car tout le monde ne crée pas *la Minerve du Parthénon, l'Iliade, les Géorgiques, la Transfiguration, Saint-Pierre de Rome, la Henriade,* ou *la Légende des siècles.*

** **

Des personnes qui ne vous connaissent en aucune façon et qui ne disposent d'aucun élément d'appréciation, n'hésitent pas, un seul instant, à se prononcer sur votre esprit, votre caractère, vos sentiments les plus intimes.

** **

Très-souvent, la réputation de savoir d'un homme, repose sur l'ignorance de ceux qui le jugent.

** **

Parfois, celui qu'on prend pour un grand homme n'est qu'un homme théâtral.

** **

L'homme qui aspire à une renommée durable, doit s'occuper surtout du bonheur de l'Humanité. La gloire lui viendra comme par surcroît. Et si, à la fin de sa carrière, il s'aperçoit que la gloire lui échappe, il s'endormira quand même pour jamais, dans le calme et la paix, en présence du témoignage consolant de sa conscience.

* *

On peut, de très-bonne foi, juger favorablement ou défavorablement une personne et avoir raison dans les deux cas. Cela dépend des circonstances où l'on s'est trouvé et du jour sous lequel la personne s'est montrée.

* *

Lorsqu'un homme, après être resté longtemps obscur et dédaigné, a fini par acquérir un peu de célébrité, on rencontre cent personnes qui se vantent d'avoir deviné ses mérites. A les en croire, ce seraient elles qui l'auraient inventé. — « Ses succès ne m'étonnent nullement. » — « Ce n'est pas d'aujourd'hui que je connais sa valeur. » — « Lui ! Mais j'ai toujours prédit qu'il aurait un brillant avenir ! » — « Comment ! vous ne vous rappelez pas que j'ai constamment loué ses talents ?... »

* *

On entend dire, parfois, d'une personne : « Il vaudrait mieux pour elle qu'elle fût morte. » Il y a là deux points à considérer : d'abord, en fait, la personne aime peut-être mieux vivre, et elle est le meilleur juge de la question ; en second lieu, si elle était morte, elle ne s'apercevrait guère de l'avantage qui en résulte. Voilà donc, encore, un de ces vieux poncifs qu'il faut abandonner.

*
* *

Il n'y a pas de raison sérieuse, au point de vue philosophique, de cacher ses défauts et de ne point convenir de ses qualités. En présence de la Vérité, qui est *une* et *immuable*, agir ainsi est une lâcheté, par conséquent un manque de dignité, de fierté légitime. Donc, on doit convenir de tout. Différemment, on se rapetisse, parce qu'on montre son effroi du *qu'en dira-t-on*. Entendons-nous bien : on ne doit pas se soucier de l'Opinion jusqu'à provoquer cyniquement le scandale. On doit seulement l'*affronter*, en d'autres termes avoir le courage de ses actes, non *la braver*, c'est-à-dire, lui insulter.

*
* *

Certains peuples anciens, notamment les Egyptiens, jugeaient tous les morts, et un orateur disait sur chacun d'eux le sentiment de l'opinion publique. L'homme vertueux devrait, de nos jours, tenir à ce qu'on dit devant son cercueil ce que ses semblables pensent de lui. Et une oraison funèbre composée de ces simples paroles : « il s'efforça d'être utile », est le plus bel éloge funèbre auquel on puisse aspirer.

*
* *

Il faudrait qu'au moment où un homme va disparaître pour jamais , on pût indiquer ce que la Postérité pensera probablement de lui. Mais il faudrait, par contre, assurer des garanties au jugement de la Postérité.

CONCLUSION

—

Le Livre des jeunes gens n'est pas un ouvrage théorique et, par conséquent, absolu. C'est un recueil d'observations. Or, il y est dit que la pratique dément souvent la théorie, par la raison que celle-ci suppose les hommes parfaits. Seulement, les œuvres théoriques présentent un côté excellent : elles invitent les hommes à tendre constamment vers la perfection.

Le Livre des jeunes gens ne pose point en thèse que les hommes naissent méchants. Tout son contexte dit, au contraire : « On ne naît pas malicieux ; on le devient. » Il constate, toutefois, que la plupart des hommes deviennent méchants, envieux, traîtres, etc., et fait observer aux jeunes gens qu'on ne leur enseigne pas assez cela, quand ils sont enfants. Sa mission consiste à les avertir qu'ils doivent se tenir constamment sur leurs gardes.

Le Livre des jeunes gens n'est presque jamais absolu. Pourquoi ? Parce qu'il procède de l'induction et non de la déduction. Il enregistre un certain nombre de cas observés, — peut-être pas assez pour se permettre de juger d'une manière infaillible, puisqu'il conclurait du particulier au général, — tendance toujours imprudente et d'ailleurs interdite par les règles de la Logique. Mais il dit aux jeunes gens : « tel cas s'étant présenté et tel résultat l'ayant suivi ou paraissant devoir le suivre invariablement, si le même cas se présente pour vous, armez-vous bien de vigilance ».

En terminant, celui qui écrit ces lignes éprouve le besoin de justifier sa propre conduite. M. de Jouy écrivait, le 7 août 1813 : « C'est un noble emploi que celui de Mentor ! Combien de vieillards se croient appelés à le remplir, sans autre titre que leur âge ! » Or, quoique recueillant des notes depuis vingt-cinq ans, l'auteur de ce livre est encore loin de la Vieillesse et n'a même pas, pour morigéner la Jeunesse, le titre dont parle l'*Hermite de la Chaussée-d'Antin*. Il se considérerait donc comme fort téméraire d'avoir entrepris une pareille tâche, si ces autres paroles de M. de Jouy — de plus en plus vraies

— ne le rassuraient pleinement : « ..... il s'est fait, depuis quelques années, entre les jeunes gens et les vieillards, un échange de défauts et de qualités, de vertus et de vices, qui ne permet, le plus souvent, de les reconnaître qu'à la couleur de leurs cheveux et à l'accueil différent que leur font les femmes. »

FIN.

TABLE DES MATIÈRES

Deuxième Entretien.

DE QUELQUES PASSIONS.

Deuxième Entretien.

DE LA CULTURE INTELLECTUELLE.

TROISIÈME PARTIE.

AGIR.

Premier Entretien.

DE LA MORALE.

Deuxième Entretien.

DES VANITÉS HUMAINES.

Troisième Entretien.

DE LA VIE PRATIQUE.

Quatrième Entretien.

DES LIAISONS

Cinquième Entretien.

DES JUGEMENTS HUMAINS.

Conclusion.